Historische Gasthöfe
in Berlin und Brandenburg

Günter Köhler • Friedhold Birnstiel

Historische Gasthöfe
in Berlin
und Brandenburg

be.bra verlag
berlin.brandenburg

Herausgegeben von der B & K Investitionsconsult GmbH mit dankenswerter Unterstützung durch die Berliner und Brandenburger Tourismus Marketing GmbH, den DEHOGA in Berlin und Brandenburg, regionale Fremdenverkehrsvereine und -verbände sowie durch die Johann Wolfgang Langguth-Stiftung.
Das Projekt wurde gefördert von der Wernesgrüner Brauerei AG, der Köstritzer Brauerei AG und dem Sächsischen Staatsweingut Schloss Wackerbarth Radebeul.

Die Deutsche Bibliothek – CIP-Einheitsaufnahme

Historische Gasthöfe in Berlin und Brandenburg /
Autoren : Günter Köhler ; Friedhold Birnstiel.
– Berlin : be.bra-Verl., 2002
ISBN 3-89809-035-3

© be.bra verlag GmbH
Berlin-Brandenburg, 2002
KulturBrauerei Haus S
Schönhauser Allee 37, 10435 Berlin
www.bebraverlag.de
E-Mail: info@bebraverlag.de
Lektorat: Christian Härtel, be.bra verlag, Berlin
Gesamtgestaltung: Friedrich, Berlin
Fotografie: Marita & Uwe Friedrich, Berlin
Umschlagfotos: Lutter & Wegner, Berlin (Vorderseite o.),
Gasthof Truhe, Langerwisch (u.);
Krongut Bornstedt, Potsdam (Rückseite o.),
Opernpalais Unter den Linden, Berlin (u.)
Schrift: Minion 10/12
Druck und Bindung: Elbe-Druck, Wittenberg
ISBN 3-89809-035-3

Inhalt

	Vorwort	8
	Berlin	11
Berlin-Mitte	**Hotel Adlon**	13
	Weinhaus Huth	16
	Kaisersaal – Die Salons am Potsdamer Platz	18
	Opernpalais Unter den Linden	21
	Die Möwe	24
	Restaurant Borchardt	26
	Restaurant VAU	28
	Lutter & Wegner Gendarmenmarkt	30
	Zum Nußbaum	32
	Zur letzten Instanz	34
	Kellerrestaurant Brecht-Haus	36
Berlin-Moabit	**SORAT-Hotel Spreebogen/Alte Meierei**	38
Berlin-Tiergarten	**Café Einstein**	40
Berlin-Kreuzberg	**Altes Zollhaus**	42
Berlin-Schöneberg	**Bamberger Reiter**	44
Berlin-Treptow	**Gasthaus Zenner**	46
Berlin-Köpenick	**Ratskeller Köpenick**	48
Berlin-Friedrichshagen	**Bräustübl**	50
Berlin-Spandau	**Zitadellen Schänke**	52
Berlin-Reinickendorf	**Alter Dorfkrug Lübars**	56
Berlin-Tegel	**Alter Fritz**	58
Berlin-Charlottenburg	**Tattersall – Restaurant Diener**	60
Berlin-Grunewald	**The Regent Schlosshotel Berlin**	62
	Forsthaus Paulsborn	64
Berlin-Prenzlauer Berg	**Prater Garten**	66

Inhalt

Berlin-Marzahn	**Marzahner Krug**	68
Berlin-Wannsee	**Wirtshaus Moorlake**	70
	Blockhaus Nikolskoe	72
	Restaurant Schloss Glienicke/Remise	74
	Brandenburg	77
Potsdam/Havelland	**Schlosshotel Cecilienhof** in Potsdam	79
	Café und Restaurant Drachenhaus in Potsdam	82
	Der Klosterkeller in Potsdam	84
	Zum fliegenden Holländer in Potsdam	86
	Speckers Gaststätte zur Ratswaage in Potsdam	88
	Café Heider in Potsdam	90
	Hotel Bayrisches Haus in Potsdam	92
	Krongut Bornstedt in Potsdam	94
	Gaststätte Baumgartenbrück in Geltow	98
	Gotisches Haus in Paretz	100
	Blaudruckhaus in Brandenburg	102
	Zum 1. Flieger in Stölln	104
Prignitz	**Ritterhof** in Kampehl	106
Ruppiner Land	**Schlosshotel Deutsches Haus** in Rheinsberg	108
	Boltenmühle in Gühlen-Glienicke	110
	Fontanehaus in Neuglobsow	112
	Schloss Ziethen in Groß Ziethen bei Kremmen	114
Uckermark	**Schloss Herrenstein** in Gerswalde	116
	Wallenstein in Angermünde	118
Barnim	**Alte Klosterschänke Chorin**	120
Märkisch-Oderland	**Carlsburg** in Falkenberg	122
	Stobbermühle in Buckow	124
	Schloss Reichenow	126
	Hotel Schloss Neuhardenberg	128
	Parkhotel Schloss Wulkow	130
Oder-Spree-Seengebiet	**Hotel Kaisermühle** in Müllrose	132
	Restaurant Café Dorsch in Bad Saarow	134
	Schloss Hubertushöhe in Storkow	136

Inhalt

Spreewald/Niederlausitz	**Hotel Schloss Lübbenau**	139
	Zum fröhlichen Hecht in Lehde	142
	Fischkasten in Lehde/Dolzke	145
	Waldhotel Eiche in Burg	148
	Romantik Hotel zur Bleiche in Burg	150
	Schlossrestaurant Lübben	152
	Landgasthof Zum grünen Strand der Spree in Schlepzig	155
	Cavalierhaus Branitz in Cottbus	158
Elbe-Elsterland	**Radigk's Brauhaus** in Finsterwalde	160
	Schreiber's Goldener Hahn in Finsterwalde	162
Fläming	**VIERSEITHOF** in Luckenwalde	164
	Romantik Hotel Alte Försterei in Kloster Zinna	166
	Burghotel in Belzig	168
	Gasthof Zur Linde in Wildenbruch	170
	Gasthof Truhe in Langerwisch	172
	Schloss Diedersdorf	175
	Übersichtskarte Brandenburg	178
	Die Autoren	180
	Abbildungsnachweis	180

Vorwort

Noch ein Restaurantführer mehr? Mitnichten. Die Publikation will an historische Orte Brandenburger und Berliner Gastlichkeit einladen. Begleiten Sie uns auf einen Streifzug durch berühmte Herbergen und Gasthäuser beider Länder, die tief in Geschichte, Brauchtum, Tradition und Landschaft verwurzelt sind, die ein unverwechselbares Antlitz besitzen und sich gerade deshalb großer Publikumsgunst – vielfach über die Ländergrenzen hinaus – erfreuen. Ob im feudalen Schloss, einer jahrhundertealten Burg oder am Stammtisch eines Ratskellers, ob in der Klosterschänke, in der schon die Mönche zechten, oder einer alten Mühlengaststätte „am rauschenden Bach": Gastronomische Erlebnisse nicht alltäglicher Art sind mehr und mehr gefragt.

Berlin und Brandenburg sind reich an solchen einmaligen gastlichen Häusern und die Auswahl fällt deshalb nicht leicht. So manch andere geschichtsträchtige Einkehrstätte könnte gleichberechtigt an die Seite der „Buchobjekte" gestellt werden. Die Edition muss sich bescheiden und möchte vor allem Anregungen und Informationen geben, will anhand der Häuser und ihrer Geschichte zugleich Wissenswertes über Land und Leute, Überlieferung und die kulinarischen Schätze einer in Jahrhunderten gewachsenen gastlichen Kultur mitteilen. Und sie möchte neugierig machen auf Unbekanntes und Neues im Wandel der letzten Jahre. Viele der traditionsreichen Gasthäuser wurden seit der Wiedervereinigung restauriert, um- und ausgebaut, ja so manches gar aus jahrzehntelangem Dornröschenschlaf geweckt. Damit wurde nicht nur die gastronomische Szene mit erfolgreichen Konzepten bereichert, sondern zugleich auch eine tourismusfördernde Leistung für das Land oder die Region erbracht, die Respekt und öffentliche Anerkennung für das verdienstvolle Wirken ihrer „Akteure", der Inhaber und Betreiber der Häuser, verdient. Das Buch möchte gern auch dafür ein Zeichen setzen. Es knüpft dabei in Herausgeber- und Autorenschaft an vergleichbare Bände an, wie sie seit 1999 über den Freistaat Sachsen, den Freistaat Thüringen und den Spreewald im A. & R. Adam Verlag Dresden erschienen sind.

Besonderer Dank gilt an dieser Stelle den Inhabern und Betreibern der vorgestellten Häuser. Ohne sie wäre die Publikation wohl kaum zustande gekommen. Selbiges gilt auch für die Unterstützung durch die Johann Wolfgang Langguth-Stiftung, deren Namen durch ihre denkmalpflegerische Fördertätigkeit mit Millionenbeträgen in den neuen Bundesländern, besonders in Berlin und Brandenburg, einen guten Klang genießt.

Mit dem Fall der Mauer hat der Touristenstrom in die Mark Brandenburg und die deutsche Metropole stetig zugenommen. Aus allen Bundesländern, ja aus aller Welt kommen Besucher, Urlauber und Geschäftsleute, Vereine und Gesellschaften hierher, um die im Um- und Aufbruch befindliche Hauptstadt des wiedervereinigten Deutschlands zu erleben, ihre historischen Denkmäler kennen zu lernen und den landschaftlichen Zauber einer von Seen und Wäldern umgebenen Millionenstadt zu genießen. Gleiches kann das Land Brandenburg für sich in Anspruch nehmen. So ist naturbezogener Tourismus zu

einem Markenzeichen des brandenburgischen Fremdenverkehrs geworden mit einer jährlichen Besucherzahl von 10 Millionen – dem Vierfachen der Einwohner des Landes. Auch Berlin erfreut sich seit Jahren wachsenden Zuspruchs; allein seit 2001 kamen jährlich über 10 Millionen Gäste aus allen Himmelsrichtungen in die Hauptstadt.

In dem wechselseitigen Geflecht von Gastlichkeit und Landeskultur nehmen – wie unser Streifzug zeigt – die historischen traditionsreichen Gasthöfe ihren unverzichtbaren, unverwechselbaren Platz ein. Für ihre Besucher lassen sie mit ihren tagtäglichen gastronomischen Leistungen auf hohem Niveau etwas Kostbares zur bleibenden Erinnerung werden: das Erlebnis Berlin – Brandenburg, eine Schicksalsgemeinschaft seit Jahrhunderten. Erst recht in der heutigen Zeit, wo wieder zusammenwächst, was nach Geschichte und Wirtschaft, Brauchtum, Geografie und Verkehr zusammengehört. Die Liaison beider Länder auch auf gastlich-sympathische Weise zu bezeugen, ist nicht zu letzt ein Anliegen des Buches.

Berlin

Berlin ist eine Stadt der Superlative und der Einmaligkeit. Sie ist deutsche Metropole und als Stadtstaat zugleich auch Bundesland. Als Hauptstadt ist sie unter den europäischen die jüngste: ihr „Gründungsjahr" anno 1871 identisch mit dem des deutschen Kaiserreiches und Nationalstaates. Die Hälfte der Stadt ist von Parks und Grünanlagen, Wäldern, Flüssen und Seen bedeckt. Dies macht die Stadt zu einem gefragten Urlaubs- und Naherholungsgebiet. Mit 890 Quadratkilometern ist die deutsche Metropole neunmal so groß wie Paris, zusammen mit dem brandenburgischen „Speckgürtel" hinter der 234 Kilometer langen Stadtgrenze bildet sie den drittgrößten europäischen Ballungsraum. Berlin, so sagt man, hat als einzige europäische Stadt mehr Museen als Regentage im Jahr: 170 an der Zahl. Und nur sie besitzt eine ganze „Museumsinsel" im Zentrum der Stadt mit weltberühmten Kunstschätzen. Ihr Fernsehturm mit 368 Metern ist der höchste innerhalb der Europäischen Union. Die Liste ließe sich beliebig fortsetzen.

Die ganz und gar einmalige Besonderheit Berlins indes liegt in ihrer spannungsvollen und widersprüchlichen fast 800-jährigen Geschichte. Sie ist die einzige Kapitale weltweit, die zweimal als Zwillingsstadt auf der Landkarte auftauchte: fast fünf Jahrhunderte lang als Berlin-Cölln, von der ersten urkundlichen Erwähnung 1237 an bis zur Verschmelzung als königlich-preußische Residenzstadt Berlin im Jahre 1709, und mehr als vier Jahrzehnte als Ost- und Westberlin während der deutschen Teilung. Gleich dreifach wurde sie in den letzten 130 Jahren zur Hauptstadt erhoben: mit der Reichseinigung nach Preußens Sieg über Frankreich, als hauptstädtischer Torso mit der Gründung der DDR und schließlich als wiedervereinte Stadt nach dem Fall der Mauer. Mit dem Beschluss des Deutschen Bundestages vom 20. Juni 1991 zogen in den Folgejahren Bundestag und Bundesrat, Bundeskanzler und Bundespräsident vom Rhein an die Spree.

So präsentiert sich Berlin an der Schwelle zum dritten Jahrtausend als neue-alte Hauptstadt des wiedervereinigten Deutschlands. Das Brandenburger Tor, jahrzehntelang zugemauert und Sinnbild deutscher Spaltung und Ost-West-Konfrontation, steht heute für die Weltoffenheit Berlins und ihrer 3,4 Millionen Bewohner. Aus einer Stadt, von der im 20. Jahrhundert zwei verheerende Weltkriege ausgingen, ist ein Symbol für den Frieden und ein Garant des europäischen Einigungsprozesses geworden. Die Siegesgöttin Viktoria auf dem Brandenburger Tor kann sich nun wieder guten Gewissens in die Friedensgöttin Eirene verwandeln, so wie sie einst vom Schöpfer der Quadriga, Johann Gottfried Schadow, gedacht war.

Heute ist Berlin eine Metropole im Um- und Aufbruch und vermutlich die größte Baustelle Europas. Architekten aus ganz Deutschland, aus Italien, Japan und den USA zieht es an die Spree, um noch vorhandene Kriegs- und Teilungswunden zu schließen und der Stadt ein würdiges architektonisches Gesicht zu geben. Überall reicht Geschichte sich die Hand mit lebendiger, Neues gestaltender Gegenwart: Preußens glanzvolle Bauten unter den Linden stehen neben dem Stadtzentrum am Potsdamer Platz, dem „Klein-Manhattan" von DaimlerChrysler und Sony. Ein abendlicher Bummel auf der neu erstandenen Nobel-Flaniermeile Friedrichstraße, die mittlerweile der schon betagten Dame „Kurfürstendamm" Konkurrenz macht, ist allemal ein Erlebnis. Und das hypermoderne Regierungsviertel im Spreebogen mit dem Bundeskanzleramt bildet einen eindrucksvollen Kontrast zum gegenüberliegenden Wallot'schen Reichtstagsgebäude im Stil der italienischen Hochrenaissance, dem heutigen Sitz des Bundestages. Als Industriestadt, für die Namen wie Siemens und Borsig, AEG und Schering stehen, als Wissenschafts- und Forschungszentrum mit drei Universitäten und international renommierten Instituten und als Theaterstadt ist Berlin zugleich eines der bedeutendsten Wirtschafts- und Kulturzentren Europas.

Auch Gastronomie und Hotellerie haben nach der Wiedervereinigung einen stürmischen Aufschwung genommen. Mit 11 000 Gasthöfen und Gourmet-Restaurants, Bars und Kneipen, Cafés und einmaligen historischen Häusern bietet Berlin mittlerweile eine große Vielfalt an Einkehrstätten und Herbergen. Hier erproben Spitzenköche aus aller Welt ihre Künste, wird die nach wie vor beliebte Altberliner Küche aus Heringsfilet, Currywurst und Bulette, Eisbein, Strammer Max und Ochsenbrust in Meerrettichsoße oder Kalbsleber mit geschmorten Apfelringen, gedünsteten Zwiebeln und Kartoffelpüree immer mehr mit kulinarischen Spezialitäten aus aller Welt bereichert.

In seinen Gesprächen mit Eckermann lobte schon Goethe die „klare prosaische Stadt Berlin", in der „das Dämonische kaum Gelegenheit fände, sich zu manifestieren." Und er schreibt das dem Berliner zu als einem „so verwegenen Menschenschlag, dass man mit der Delikatesse nicht weit reicht, sonders dass man Haare auf den Zähnen haben ... muss, um sich über Wasser zu halten". Des Dichters durchaus zutreffende Charakterisierung würde wohl der moderne Berliner kurz und knapp mit „Herz und Schnauze" übersetzen. Beides zusammen prägt Berlin, macht die Stadt liebenswert, anziehend und zu einem stets neuen Erlebnis.

Berlin

Hotel Adlon

Eine Legende ist an den Pariser Platz zurückgekehrt – das Hotel Adlon. Eröffnet am 23. August 1997 durch Bundespräsident Roman Herzog, folgte dieser damit dem Einweihungsritual des „Originals" am 23. Oktober 1907 durch Kaiser Wilhelm II. Dazwischen liegt ein Jahrhundert, das den Globus verändert hat. An seinem Wege das Grand Hotel als Zeitzeuge und Akteur im Brennpunkt des Geschehens. Hier gingen die Großen der Welt ein und aus: Politiker und Industrielle, Wissenschaftler und Künstler. Hier fanden Konferenzen, politische Kongresse und entscheidungsträchtige Vier-Augen-Gespräche statt. Die Gästeliste liest sich wie ein „Who's who" einer vergangenen Epoche: von Theodore Roosevelt über Friedrich Ebert, John Davison Rockefeller und Henry Ford bis zu Albert Einstein und Thomas Mann, Charlie Chaplin, Marlene Dietrich, Greta Garbo und Enrico Caruso.

Gründer und Namensgeber war Lorenz Adlon, das Hotel das Lebenswerk des gelernten Tischlers, der in den siebziger Jahren des 19. Jahrhunderts ins Gastgewerbe wechselte und dort bald eine steile Karriere machte. Er erwarb eine Weinhandlung, mehrere Restaurants und Hotels. Mit dem Bau des Adlon von 1905 bis 1907, der 20 Millionen Goldmark verschlang, war er am Ziel seiner Wünsche. Zählte es doch zu den schönsten und modernsten Hotels seiner Zeit. Fast hätte es sogar den Krieg unbeschadet überstanden, wäre es nicht in der Nacht vom 2. zum 3. Mai 1945 Opfer eines verheerenden Brandes geworden. Vom einstigen Prachtbau blieb nur ein Seitenflügel übrig, der noch bis Mitte der sechziger Jahre als Hotel genutzt wurde. Mit der Wohnblockbebauung an der ehemaligen Otto-Grotewohl-, jetzt Wilhelmstraße kam dann das endgültige Aus.

Die stilvolle Lobby.

Das legendäre Hotel Adlon am Pariser Platz eröffnete im Sommer 1997 seine Tore unter der Regie der Kempinski-Hotelgruppe.

Berlin-Mitte

Berlin

Erst der Fall der Mauer ermöglichte das kaum noch Erhoffte: das Wiedererstehen des Adlon an seinem alten Platz. Unter der Regie von Kempinski, der traditionsreichen Luxushotel-Marke mit Häusern rund um den Erdball, wurde die glanzvolle Welt des Adlon wieder belebt, sensibel und stilvoll dem legendären Vorgänger nachempfunden. Das Gebäude mit seiner klar gegliederten hellen Sandsteinfassade und dem grünen Kupferdach ist wieder zu einem Wahrzeichen des Pariser Platzes am Brandenburger Tor geworden. Internationale Reiseführer haben es zum „Grand Hotel der Weltspitze" gekürt, und es ist bereits in den exklusiven Zirkel von „The Leading Hotels of the World" aufgestiegen. Anspruchsvolle Gäste aus allen Erdteilen genießen hier exklusiven Wohnkomfort und vollendete Kochkunst, erfahren perfekten Service mit modernstem technischen Know-how. Wieder ist das Adlon, fast wie zu alten Zeiten, der Ort für Staatsempfänge und Premierenfeiern, Bälle und Preisverleihungen, Podiumsdiskussionen und Gala-Diners.

Mit einem Stab von über 500 „dienstbaren Geistern" betreut im statistischen Durchschnitt ein Mitarbeiter ein bis zwei Hotelgäste. Diese wissen sich aufs beste aufgehoben in den 336 Zimmern (davon 80 Suiten). Zeitlos-elegante Möbel aus Kirsch- oder Myrtenholz, kontrastreiche Farbgestaltung, Kunstgegenstände und luxuriöse Bäder, in denen die Dusche jeweils auch als Dampfkabine benutzt werden kann, vermitteln ein harmonisches Wohlgefühl. Dazu gehören alle technischen Annehmlichkeiten unserer modernen Zeit von der Klimaanlage über Fax- und PC-Anschluss, Mobil- und ISDN-Telefon bis zu Satelliten-TV, persönlichem Safe und Minibar. Entspannen oder sich aktiv sportlich betätigen lässt es sich trefflich in dem im antiken Stil gestalteten Wellnessbereich mit Schwimmbad, Sauna, Dampfbad und Solarium, Massage- und Fitnessräumen. Ein eigenes Kosmetikstudio sorgt für die schöne Tagesform. Und in der Ladenpassage im Erdgeschoss mit ihren hochwertigen Geschäften, Boutiquen und Galerien kann sich der Gast seinen ganz speziellen Kaufwunsch erfüllen.

Die Adlon-Stube serviert zünftige Küche und deutsche Spezialitäten.

Das Restaurant im Erdgeschoß öffnet seine Flügeltüren zur Sonnenterrasse am Pariser Platz mit Blick auf das Brandenburger Tor.

Berlin-Mitte

Berlin

Der Ballsaal ist der ideale Schauplatz für gesellschaftliche Ereignisse.

Gourmet-Restaurant Lorenz Adlon.

Ganz besonders sind es natürlich die Restaurants und Bars, die den Gast in eine Welt vollendeter kulinarischer Genüsse entführen: das Adlon-Restaurant mit seinen lichtdurchfluteten Räumen und mit Terrasse zum Pariser Platz und zum Brandenburger Tor hin (150 Plätze), in dem ein abwechslungsreiches Angebot an internationalen und regionalen Gerichten geboten wird. Im exklusiven Gourmet-Restaurant Lorenz Adlon (30 Plätze) auf der Bel Etage erwarten den Besucher lukullische Raffinessen der Haute Cuisine, besonders der französichen und badisch-elsässischen Kochkunst. In der gemütlichen, der berühmten Adlon-American-Bar von 1907 nachgestalteten Adlon-Stube (30 Plätze) sind eher original Berliner Spezialitäten und deutsche Gerichte Trumpf, deren Zubereitung noch dazu in der Schauküche verfolgt werden kann.

Diese Feinschmeckerrestaurants bieten ganz besondere Spezialitäten, die es eben nur hier gibt: So etwa die Adlon-Ente aus dem Südoldenburger Land, ein gefragter Leckerbissen, in zwei Gängen serviert und am Tisch tranchiert, oder auch die „Pariser Platz Torte", ein Traum aus Schoko-Sahne, die drei Tage „reift". Verdienter Lohn der Koch- und Tischkultur des Grand Hotels war im Jahre 2001 der „Michelin-Stern" für das Restaurant Lorenz Adlon.

Das berühmte Haus mit seiner fast 100-jährigen Tradition lebt stets auch mit Blick auf die Zukunft. Davon zeugt das Adlon-Palais in der Behrenstraße direkt hinter der Akademie der Künste. Zum fünfjährigen Bestehen des neuen Grandhotels öffnet es im Jahre 2002 seine Pforten als hochkarätiges Veranstaltungs- und Gastronomiezentrum – mit großem Festsaal und Konferenzräumen, dem exklusiven China Club über zwei Stockwerke und mit Dachterrasse, einem mediterranen Gastronomiebereich mit vorwiegend italienischer Küche und einem Café-Bistro nach dem Vorbild eines New Yorker Delis.

Das Adlon-Palais schließt zugleich eine der letzten Baulücken am Pariser Platz, der damit wieder wird, was er war: Wahrzeichen der Berliner Mitte, Sinnbild für Gastlichkeit und Weltoffenheit einer europäischen Metropole.

Hotel Adlon
Unter den Linden 77
10117 Berlin
☎ 030/2261-0
📠 030/2261-2222
🖥 www.hotel-adlon.de
✉ adlon@kempinski.com
🕐 Hotel durchgehend
Restauration:
Adlon-Restaurant täglich von 6.30 bis 23.30 Uhr
Adlon-Stube
Dienstag bis Sonnabend von 12.00 bis 23.30 Uhr
Restaurant Lorenz Adlon
Dienstag bis Sonnabend von 18.00 bis 23.00 Uhr
Lobby Bar & Lounge
täglich von 8.00 bis 2.00 Uhr
Betreiber: Kempinski Hotels & Resorts
Geschäftsführender Direktor: Jean K. van Daalen

Weinhaus Huth

Berlin

Noch vor über einem Jahrzehnt war hier das „Ende der Welt", der östlichen wie der westlichen. Beide endeten sie an der Mauer auf dem Potsdamer Platz. Aus der Trümmerbrache der Bombennacht vom 3. Februar 1945 ragte nur noch ein leidlich verschont gebliebenes Gebäude: das Weinhaus Huth. Ihm gegenüber der Torso vom Hotel Esplanade. Das war alles.

Seit der deutschen Vereinigung ist der Potsdamer Platz auf einmal wieder die Mitte Berlins, Herz der Hauptstadt, magischer Ort, auferstanden aus Ruinen und am Reißbrett entworfen: die Daimler-City und das Sony-Center. Und an einer Legende am Platz, dem Weinhaus Huth, kann kaum ein Besucher achtlos vorbei gehen. Es wurde liebevoll restauriert und in die modern gestylten Bauten integriert. Es war das letzte und ist jetzt wieder eines der „ersten" Häuser am Platz, das an seine alte gastronomische Tradition anknüpfte und seit 1998 fortführt: mit der Weinhandlung Hardy, dem Restaurant Diekmann und einem Café.

Das fünfgeschossige schöne Haus mit Pfeilerfassaden und dem markanten Turm wurde 1912 gebaut als „Weinhaus C. Huth & Söhne". Zu dieser Zeit war das Unternehmen, gegründet 1871 vom „Stammvater" Carl Friedrich Wilhelm Huth, bereits ein Begriff in der Berliner gastronomischen Szene. Bei Huth traf sich alles, was in Berlin Rang und Namen hatte. Der Hofmaler Adolph von Menzel dinierte hier mit Theodor Fontane, der ein paar Häuser weiter

Weinhandlung Hardy im Huth.

wohnte. Hier zeichnete George Grosz, kehrten Ernst Ferdinand Sauerbruch, Wilhelm Furtwängler und in jungen Jahren Konrad Adenauer ein.

Inmitten einer ganzen Vielzahl berühmter Vergnügungsetablissements und Verzehrtempel am Potsdamer Platz – Haus Vaterland und Café Josty, Fürstenhof, Esplanade oder der Pschorr-Bier-Palast – behauptete das Weinhaus Huth all die Jahre über seinen einzigartigen Standort und guten Ruf – so wie heute wieder. Wenngleich der neue Hausherr, DaimlerChrysler, das um- und ausgebaute Gebäude bei sensibler Wahrung seines historischen Antlitzes in den oberen Etagen als Konzern-Repräsentanz nutzt, ist das Erdgeschoss den Besuchern vorbehalten, wird hier die jahrhundertealte Huth'sche Weintradition und Gastlichkeit gepflegt. Hardy im Huth, das ist heute Weinversand, Weinbar und -probierstube in einem. Aus über 500 Weinen kann der Gast wählen, vornehmlich aus deutschen, französischen und italienischen Anbaugebieten, doch auch aus Übersee. Wie einst lagern im Keller Raritäten, teure Eisweine und Trockenbeerenauslesen. Im Weinhaus Huth, in dem kleinen Weinbistro (25 Plätze) inmitten von Weinkisten und einer Unmenge gestapelter Weinflaschen ist der erfahrene Sommelier zu Hause, bedient seine Gäste mit erlesenen Tropfen und einem schmackhaften Imbiss, mit Salaten, Käsespezialitäten und kleinen Menüs.

Ganz in der Tradition der einstigen Nobelrestaurants im Weinhaus Huth weiß sich seit 1998 das Restaurant Diekmann (120 Innen- und 200 Außenplätze). Es bietet eine vorzügliche internationale Küche, dazu einen gut sortierten Weinkeller. Die Staffette des traditionsreichen Hauses ist wieder in guten Händen.

Probierstube der Weinhandlung.

Restaurant Diekmann im Haus Huth am Potsdamer Platz.

Hardy im Huth
Alte Potsdamer Straße 5
10785 Berlin
☎ 030/25 29 72 80
📠 030/25 29 72 82
🖥 www.hardy-weine.de
🕐 Montag bis Freitag 9.30 bis 20.00 Uhr
Sonnabend 9.00 bis 18.00 Uhr
Inhaber: Schreiber & Schäfer OHG

Restaurant Diekmann im Weinhaus Huth
☎ 030/25 29 75 24
📠 030/25 29 75 25
🖥 www.j-diekmann.de
🕐 täglich ab 12.00 Uhr
Inhaber: J. Diekmann

Kaisersaal – Die Salons am Potsdamer Platz

Der Kaisersaal am Potsdamer Platz war einst die Zierde des Grandhotels Esplanade. In den Jahren 1906/08 auf Geheiß des letzten Kaisers Wilhelm II. als Luxusherberge mit 400 Zimmern für die aristokratische Schickeria errichtet, gehörte das Esplanade mit seiner prächtigen Palastarchitektur im Stile des Neobarock und Neorokoko neben dem Adlon oder dem Fürstenhof zu den berühmtesten Hotelbauten der wilhelminischen Zeit. Der Kaisersaal war gar kein Saal im eigentlichen Sinne, sondern der „Rote Salon" – ein prunkvolles fürstliches „Vereinszimmer". Hier hielt „Willem" seine „Herrenabende" ab und dinierte mit seinen pensionierten Generälen. 1918 ging der Kaiser – andere berühmte Gäste, von Charlie Chaplin bis Greta Garbo, kamen und trugen den Ruf des Hauses in die Welt. Und fast wäre es zum Ausgangspunkt einer Zeitenwende geworden, wenn Graf Stauffenberg und seine Getreuen, die hier im

Der Kaisersaal.

Reste der Fassade des Grandhotel Esplande in der Bellevuestraße.

Berlin

Esplanade die Ergebnisse des Attentats auf Hitler vom 20. Juli 1944 abwarteten, Erfolg gehabt hätten. So aber fiel auch die Nobelherberge in Trümmer, ließen die Bomben nur einen Torso übrig, der in den Jahren bis zum Bau der Mauer für Film-, Faschings- und Maskenbälle genutzt wurde.

Es war eine viel bewunderte ingenieurtechnische Leistung, die denkmalgeschützte Ruine des „Kaisersaals" in den neunziger Jahren des 20. Jahrhundersts in das Sony-Center zu integrieren. Da sie dem Straßenbau im Wege stand, musste der 1 300 Tonnen schwere Gebäudeteil mittels einer Rollenkonstruktion wie auf einem Luftkissen um 75 Meter versetzt werden. Zwei Wände des Prunkraums verblieben am alten Ort – geschützt hinter einer Glasfassade. Das Marmortreppenpalais und die Waschräume mit der opulenten, in Gold und Marmor gehaltenen sanitärtechnischen Ausstattung gehören wieder zum originalen Ambiente des Kaisersaals.

Dieser präsentiert sich nun seit Februar 2002 als Gourmet-Restaurant (40 Plätze). In dem reich verzierten, mit Parkett und Flügeltüren, Kronleuchtern und Rokoko-Möbeln ausgestatteten Raum wird allabendlich zu Tisch gebeten. Eine ganz in rotem Leder gehaltene Empfangs-Rotunde (20 Plätze) gibt den Weg frei zu dem eine Treppe höher gelegenen Kaisersaal. Von dort öffnet sich der Blick in das Sony-Forum unter dem gleichsam schwebenden Sonnensegel-Dach, auf ein futuristisches Glasensemble mit Filmhaus und Filmmuseum, Vergnügungs- und Verkaufseinrichtungen. Und die schnauzbärtige Majestät schaut aus dem Wandbild des Historienmalers Fricke auf das Panorama einer heute jedermann zugänglichen und nicht durch das Wörtchen „von" legitimierten Welt, die gewiss nicht mehr die seine wäre.

Architektonisch umrahmt wird der Kaisersaal von Räumlichkeiten, die in Teilen einen Hauch der glamourösen Welt des einstigen Grandhotels verspüren lassen und die für Feste und Veranstaltungen jeglicher Art das passende Arrangement bieten – ob Stehempfang oder Galadiner, private Feier oder

Palmenhof mit
Oberlicht-Glasdecke.

Empfangs-Rotunde der
Salons am Potsdamer
Platz.

Geschäftstreffen. Idealer Ort dafür sind der Silbersaal, benannt nach seinen ganz in Silber gehaltenen Säulen, wie auch der angrenzende Palmenhof mit der Oberlicht-Glasdecke (insgesamt 300 Plätze). In drei miteinander verbundenen Salons auf der Galerie, gestaltet im österreichischen oder englischen Landhausstil, können kleine Gesellschaften von 25 bis 30 Personen in stilvoller gemütlicher Runde feiern. Und die Bellevue-Bar (35 Plätze) an der Bellevuestraße gibt mit ihrer reichen Sammlung historischer Fotos an den Wänden nicht nur Einblick in die Geschichte des Hauses, sondern macht auch Appetit auf die hier gebotenen leiblichen Genüsse.

Diese – vornehmlich deutsch-französisch geprägt – stehen ganz in der Tradition der gehobenen, feinen Art. Ein Tagesrestaurant im herkömmlichen Sinne sucht der Besucher wohl vergebens – dafür sind erlesene Fünf- bis Sechs-Gänge-Menüs im Gourmet-Restaurant Kaisersaal, Buffets und kulinarische Offerten zu Veranstaltungen angesagt. Alles wird frisch angerichtet – bis zu 500 Menüs je Bankett oder Empfang, dazu eine Auswahl von 200 erlesenen Weinen. Jedes der Menüs verrät geschmackliche Raffinesse und phantasievolle Kombination – etwa im Verbund von Gänsestopfleber-Terrine mit Brioche, Steinbuttfilet auf Gurken-Dill-Süppchen, Dreierlei vom Kalb und einem Sorbet-Arrangement, dazu jeweils die adäquate Rebe – von der Beerenauslese bis zum Lutter & Wegner Riesling Sekt.

Neben dem Kaisersaal hat auch das legendäre Café Josty wieder seinen Platz gefunden. Wenngleich in moderner Gestalt, hält es die Erinnerung an das 1793 gegründete, durch Bomben im zweiten Weltkrieg vernichtete berühmte Café am Potsdamer Platz wach. Die Namen seines Gründers, des Engadiner Konditormeisters Daniel Josty, und seiner Gäste machten es weltbekannt. Heinrich Heine, Theodor Fontane oder auch Erich Kästner gaben ihm sogar literarische Weihen.

Die Bellevue-Bar.

Kaisersaal –
Die Salons am Potsdamer Platz
Bellevuestraße 1
10785 Berlin
☎ 030/25 75 14 54
📠 030/25 75 14 56
🖥 www.kaisersaal-berlin.de
✉ info @ kaisersaal-berlin.de
🕐 Restaurant Kaisersaal täglich ab 19.00 Uhr und nach Vereinbarung
Bellevue-Bar täglich ab 10.00 Uhr
Salons nach Bestellung und Vereinbarung
Inhaber: Kaisersaal Gastronomie GmbH
Geschäftsführer:
Josef Laggner und Gerhard Lengauer
Gastronomischer Leiter: Michel Vogel

Café Josty
☎ 030/25 75 11 05
📠 030/25 75 11 06
✉ mail@kaizen-josty.de
🕐 täglich ab 9.00 Uhr
Inhaber: KAIZEN Gastronomie GmbH

Berlin

Opernpalais Unter den Linden

Einst waren es die Prinzessinnen Charlotte, Friederike und Alexandrine, Töchter von Preußenkönig Friedrich Wilhelm III. (1770–1840) und seiner Gemahlin Luise (1776–1810), die dem Haus den Namen gaben. Heute ist der Gast hier König, wird es durch den Besuch berühmter Persönlichkeiten, Musiker und Künstler geadelt: von Placido Domingo bis Daniel Barenboim, Sophia Loren oder Alain Delon. So folgen Namen historischer Häuser ihrer Zweckbestimmung, und die Wandlung vom Prinzessinnen- zum Opernpalais widerspiegelt einen spannungsvollen Bogen preußischer und deutscher Geschichte.

1733 von Hofbaumeister Friedrich Wilhelm Diderichs erbaut, war es das Pendant zum Kronprinzenpalais und mit diesem später durch den charakteristischen Mittelgang in der Oberwallstraße verbunden. Hier wohnte das königliche Paar, das das wuchtige und eher kalt wirkende Stadtschloss tunlichst mied und – die „Königskinder" in steter Nähe – das traut-familiäre Ambiente der beiden Häuser bevorzugten. Diese wurden noch bis zum Ende der Monarchie 1918 von Mitgliedern der Hohenzollernfamilie oder von Hofgästen bewohnt, danach zogen Museen ein. In den Bombennächten des zweiten Weltkrieges in Trümmer gelegt, entstanden beide Häuser in den sechziger Jahren unter Professor Richard Paulick gemeinsam mit der vorher wieder aufgebauten Knobelsdorff'schen Lindenoper neu. Das einstige Prinzessinnenpalais wandelte sich zum Operncafé, einem in jenen Jahren vergleichsweise noblen Etablissement mit Café, Restaurant und Gartenterrasse. Sein ursprüngliches historisches Flair indes erhielt es in den Jahren 1990/92 nach einer originalen Vorlagen folgenden Restaurierung der Räume dank dem engagierten Wirken

Eingang zum Opernpalais.

Berlin-Mitte

des Berliner Gastronomen Manfred Otte zurück. Vor allem aber blieb das Haus nicht zuletzt durch das Wirken einer Bürgerinitiative seiner jahrzehntelangen gastlichen Tradition treu, die zeitweise ernsthaft erwogene Absicht, es gemeinsam mit dem Kronprinzenpalais zum Sitz des Bundespräsidenten zu machen, eine Episode.

Im eigentlichen Operncafé (160 Plätze) herrscht täglich von 8.00 Uhr an bis Mitternacht Betrieb, genießt der Gast die Atmosphäre dieses anmutig-festlichen Raums, der mit farbigen Seidenstofftapeten, großflächigen Wandmalereien mit „Linden"-Motiven und Büsten von Beethoven und Verdi geschmückt ist. Ein erlesenes Angebot von mehr als 50 verschiedenen Torten aus eigener Patisserie, Gebäck und Kuchen, feinsten Trüffeln und Pralinen, Kaffee-, Schokoladen- und Tee- sowie Eisspezialitäten bestätigt täglich den guten Ruf des Operncafés als größtem hauptstädtischen Kaffeehaus. Küche und Keller bieten von Mittag bis in die späten Nachtstunden Brandenburger und internationale Gerichte, kulinarische Kunststücke aus Topf und Pfanne bis zu Vegetarischem wie Gemüsestrudel, Zwiebel-, Lauch- oder Spinatkuchen. Für den Liebhaber gehobener deutscher und Berliner Küche oder besonders deftiger Brandenburger Gerichte von Fisch und Geflügel empfiehlt sich das Restaurant im Souterrain (120 Plätze). Jüngste Attraktion des Hauses ist die Burana: Eröffnet im Herbst 2002, ist sie als Cocktailbar dem berühmten Pariser Café Marly nach-

Salon Königin Luise in der oberen Etage.

empfunden. Hier kann der Gast erlesen frühstücken, kleine und feine Speisen zu sich nehmen und am Nachmittag französische Patisserie genießen. Nachtschwärmern bietet die Bar (80 Plätze) den idealen Treff.

Im eleganten Rokoko-Stil präsentieren sich die Räume in der oberen Etage des Opernpalais. Zu ihnen führt eine weit ausschwingende Wendeltreppe mit originalem schmiedeeisernen Geländer aus dem 18. Jahrhundert aus dem einstigen Schloss Buch – überwölbt von einer kobaltblauen Sternenkuppel nach einem Schinkel'schen Bühnenbildentwurf für Mozarts „Zauberflöte". Hier – im Salon Königin Luise oder im Prinzessinnensaal (letzterer teilbar in verschiedene Salons gewünschter Größe) – können Empfänge und Festlichkeiten mit bis zu 300 Personen stattfinden. Ausgestattet mit modernster Kommunikationstechnik eignen sie sich auch vorzüglich für Konferenzen und Tagungen. Wer an schönen Tagen auf der größten Sonnenterrasse der Linden vorm Haus (über 500 Plätze) Platz nimmt, verspürt den Zauber von Berlins historischer Mitte hautnah. Man befindet sich mitten im Forum Fridericianum mit Lindenoper, Schinkels Neuer Wache und dem Zeughaus, mit Humboldt-Universität und Staatsbibliothek, der katholischen St. Hedwigs-Kathedrale, der „Kommode", ehemals königliche Bibliothek, und dem Gouverneurshaus. Direkt vis á vis dem Opernpalais grüßt Friedrich II. vom majestätischen Reiterstandbild von Christian Daniel Rauch (1777–1857) herüber.

Opernpalais Unter den Linden
Unter den Linden 5
10117 Berlin
☎ 030/20 26 83
📠 030/204 44 38
💻 www.opernpalais.de
🕐 Café täglich von 8.00 bis 24.00 Uhr
Restaurant täglich von 12.00 bis 24.00 Uhr
Burana von 10.00 bis 1.00 Uhr
Inhaber: Manfred und Petra Otte

Kuchentheke im Operncafé.

Die Möwe

Berlin

Tschaika – das russische Wort für Möwe – ist ein in vielerlei Hinsicht programmatischer Name für den am 15. Juni 1946 gegründeten Künstlerklub im Herzen Berlins. Benannt nach dem gleichnamigen Schauspiel des bedeutenden russischen Dramatikers Anton Tschechow (1860–1904) symbolisierte seine Gründung die Renaissance friedlicher kultureller Beziehungen zwischen Deutschland und Rußland nach dem Ende des Zweiten Weltkrieges. Zugleich verhieß der Flügelschlag der Möwe Weltoffenheit in der Begegnung von Künstlern aus Ost und West. Unter den Fittichen der sowjetischen Militäradministration und mit Unterstützung der alliierten Westmächte entstand eine Begegnungsstätte von Künstlern, von Theater- und Filmleuten. Berühmte Schauspieler zählten zu ihren Gründungsmitgliedern: Ernst Busch und Boleslav Barlog, Hans Albers und Ernst Legal, Eduard von Winterstein und Gustav von Wangenheim, Friedrich Wolf und Rudolf Platte. Bei allem Auf und Ab in der DDR-Kulturpolitik – Restriktionen wechselten mit Tauwetterperioden – blieb die Möwe all die Jahre eine gefragte Adresse im Theaterleben, geschuldet nicht zuletzt seiner einzigartigen Theaterbibliothek als Ort wissenschaftlicher Studien für Regisseure und Dramaturgen.

Bei all dem hatte die Möwe stets auch einen guten Ruf als Stätte gepflegter Gastronomie. Ging es in den ersten Nachkriegsmonaten noch um ganz elementare Bedürfnisse, wie die Versorgung der Künstler mit Essenrationen, wurde das Möwen-Restaurant gar bald zu einem Ort, an dem sich kulturvolles Erleben mit leiblichem Genuss verband.

Heute knüpft die Möwe wieder – getreu langjähriger Tradition – ein Band zwischen Kunst und Gesellschaft. Der gewissen Widrigkeiten in den Jahren nach

Gourmet-Restaurant Kaiserstube.

Das Möwen-Restaurant im Palais am Festungsgraben.

Berlin-Mitte

der Wende zuzuschreibende Ortswechsel vom ehemaligen Bülow'schen Palais in der Luisenstraße über eine Zwischenstation in das Donner'sche Palais am Festungsgraben hat dem guten Ruf des Künstlerklubs glücklicherweise keinen Abbruch getan. Das Haus mit der prachtvollen Barockfassade am Kastanienwäldchen, das Mitte des 18. Jahrhunderts für den königlichen Kammerherrn Johann Gottfried Donner erbaut wurde und das zu Beginn des 19. Jahrhunderts dem preußischen Reformer Karl Freiherr vom und zum Stein als Wohnsitz diente, ist ein würdiger Platz für den Klub, der ein dichtes Programm bietet: musikalisch-kabarettistische Darbietungen und Chansonabende, Buchlesungen mit prominenten Autoren, Dokumentarfilme und Premierenfeiern, Vernissagen, Ausstellungen und den beliebten „Möwentratsch" – Gespräche von Politikern, Historikern, Künstlern und Journalisten zu Fragen der Zeit. Die Gastronomie spielt dabei ihren ganz eigenständigen Part. So wird beim kulinarischen Montagsprogramm „KunstGenuss" ein Mehr-Gänge-Menü – jeweils abgestimmt auf Thema und Akteure der Veranstaltung – angeboten und stets mit einem kleinen Überraschungseffekt verbunden. Ein Frank-Sinatra-Abend etwa wird dann von Kreationen aus der italienisch-amerikanischen Küche begleitet.

Ihr stilvolles Interieur hat die Gastronomie des Künstlerklubs – empfohlen vom internationalen Gourmetführer „Gault Millau" 2002 – im Möwen-Restaurant in der ersten Etage des Palais (90 Plätze). Einem Altberliner Salon nachempfunden, lädt es mit seinen samtroten Sofas zum Verweilen ein. Von der Terrasse (60 Plätze) öffnet sich der Blick auf den Garten des benachbarten Maxim-Gorki-Theaters. Internationale Speisen mit französischem Einschlag, dazu eine umfangreiche Auswahl exzellenter Weine, prägen das Angebot. Das dem Möwen-Restaurant direkt gegenüberliegende Gourmet-Restaurant Kaiserstuben (16 Plätze) empfiehlt sich an Abenden für kleine Geselligkeiten und genussvolle Stunden im Freundes- und Familienkreis. Seit Jahren lädt auch die Tadshikische Teestube im Haus zu Teezeremonien im orientalischen Stile ein.

Die Möwe
Am Festungsgraben 1
10117 Berlin
☎ 030/20 61 05 40
📠 030/20 61 05 50
🖥 www.restaurant-moewe.de
✉ info@restaurant-moewe.de
🕐 Dienstag bis Sonnabend ab 18.00 Uhr
Montag ab 19.00 Uhr
(Veranstaltung „KunstGenuss")
Inhaber Restaurant: Aris Papageorgiou und Christian Ramlau

Künstlerklub Die Möwe e.V.
Vorstandsvorsitzende Renate Heymer
Tel.: 030/204 37 89
Tel./Fax: 030/204 37 99
(auch für Kartenvorbestellung)

Das Möwen-Restaurant ist im Stil eines Altberliner Salons eingerichtet.

Restaurant Borchardt

Berlin

Weithin sichtbar am Dachfirst in Stein gemeißelt die lateinischen Lettern: F. W. BORCHARDT MDCCCLIII. Als wäre das berühmte Berliner Weinlokal mit seiner Gründung anno 1853 für die Ewigkeit gedacht. War es sicher nicht – und doch hat es seitdem in der gastlichen Kultur Berlins Bestand, ja sie sogar in starkem Maße geprägt.

Das 1900 im Neorenaissancestil aus rotbraunem Sandstein errichtete, mit Attika und Pilastern reich verzierte Gebäude war zu dieser Zeit bereits eine bekannte Adresse – verbunden mit dem Namen des Wein- und Delikatessengroßhändlers August Friedrich Wilhelm Borchardt. Als 27-Jähriger hatte er in jenem Jahr 1853 in der Französischen Straße ein kleines, exklusives Weinlokal eingerichtet, in dem Weltoffenheit, feine Lebensart und Esskultur – seinerzeit in der preußischen Hauptstadt nicht gerade alltäglich – gepflegt wurden. Gar bald entstand ein Unternehmen mit Weingroßhandlung, Gastronomie und Versandküche, mit Delikatessen- und Kolonialwarenangebot. Borchardt avancierte zum königlich-kaiserlichen Hoflieferanten, bediente sogar den russischen Zaren mit seinen Produkten. Durch Bombenangriffe im Zweiten Weltkrieg stark beschädigt und in Teilen, eingeschlossen die historische Weinstube, vernichtet – verlor das Haus seinen Glanz. In den DDR-Jahren war es Tanzlokal und schließlich gefragte Fischgaststätte. Erst nach dem Fall der Mauer fand es 1992 dank des Engagements der passionierten Gastronomen Roland Mary und Marina Richter, nach umfassender Sanierung und Rekonstruktion der historischen Räume zu seinen Ursprüngen als Ort gehobener Gastlichkeit zurück.

Innenhof des Restaurant Borchardt.

Restaurant in den Räumen der ehemaligen Borchardt'schen Weinhandlung.

Berlin-Mitte

Berlin

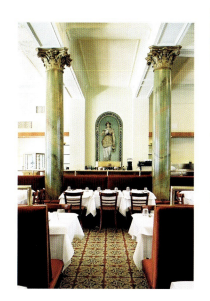

Auch heute noch wird hier der Philosophie des Hausgründers folgend „ein Mahl von einem gewissen kosmopolitischen Charakter" serviert.

In der einstigen Borchardt'schen Verkaufshalle, dort, wo die Waren ausgestellt wurden, empfängt ein ungewöhnliches Restaurant (180 Plätze) seine Gäste – mit Marmorsäulen, bekränzt von weit ausladenden Kapitellen, mit Sitzbänken im roten Samt und Halterungen aus Messing. Ein lichtdurchfluteter Innenhof (100 Plätze) mit Blick auf die eindrucksvolle Backsteinfassade des ehemaligen Borchardt'schen Weinspeichers über sechs Etagen lädt an schönen Tagen zum Verweilen ein. Hier, im „Hinterhof", befindet sich auch ein stilvoller Salon (35 Plätze) für ungestörtes Feiern im kleinen Kreis. In kurzer Zeit ist das Haus wieder zum Treff von Politikern, Journalisten und Wirtschaftsgrößen, Hollywood-Stars und Künstlern geworden.

Die „Tafelfreuden zwischen Marmorsäulen" folgen ganz individuellen Wünschen und der Philosophie des Hausgründers, wie sie in einer Festschrift von 1903 formuliert war, nämlich „ein Mahl von einem gewissen kosmopolitischen Charakter zu bereiten, das dem Gaumen schmeichelt, ohne den Magen zu belästigen". Seit Jahren vom Gourmet-Reiseführer „Gault Millau" gepriesen, wird die saisonale und regionale Küche ebenso gepflegt wie die internationale Cuisine. So werden im Sommer täglich bis zu sechs Zentnern frisch gestochener Spargel verbraucht und die wechselnde Mittags- und Abendkarte bietet neben Gourmet-Menüs auch klassische Gerichte wie das Wiener Schnitzel mit Kartoffelsalat oder Kalbsrückensteak. Historische Borchardt-Gerichte finden großen Zuspruch – so das „Schnitzel à la Holstein". Es ist nicht etwa der Landschaft, sondern dem besonderen Wunsch eines einstigen Stammgastes geschuldet: Friedrich von Holstein, der „Grauen Eminenz" im Auswärtigen Amt des Kaiserreichs und zeitweise Bismarcks Privatsekretär. Dieser wollte zum Kalbsschnitzel eine besonders üppige Dekoration, und so wird sie eben auch serviert – mit Spiegelei und Sardellenkranz, „umrankt" von grünen Bohnen und Champignons, mit Kaviar, Lachs, Sardinen und Weißbrotscheiben.

Restaurant Borchardt
Französische Straße 47
10117 Berlin
☎ 030/20 38 71 10
📠 030/20 38 71 50
🕐 täglich ab 11.30 Uhr
(Küche von 12.00 Uhr bis Mitternacht)
Inhaber: Marina Richter und Roland Mary

Restaurant VAU

Berlin

Eine Gedenktafel ziert den Hauseingang mit dem Bildnis eines schönen Frauenantlitzes: Rahel Varnhagen von Ense, geb. Levin (1771–1833). Hier – in der Jägerstraße 54 – befand sich der erste literarische Salon der wohl bekanntesten Jüdin Berlins um die Wende vom 18. zum 19. Jahrhundert. Ab 1793 versammelte sie Persönlichkeiten verschiedener Stände und Konfessionen zu freiem Gedanken- und Meinungsaustausch. Geistesgrößen wie Schlegel, Schleiermacher und Fichte, die Gebrüder Humboldt und Tieck, Fouqué und Kleist waren bei ihr zu Gast.

Just nun an diesem Ort, in einem Ende des 19. Jahrhunderts im spätklassizistischen Stil errichteten großbürgerlichen Stadthaus, wurde 1997 das VAU eröffnet. Wenngleich das von Rahel so geliebte „Dachstübchen" durch den späteren Umbau verschwand, erinnert nicht nur das lautgesprochene „V" an sie. Unbefangen, liebenswürdig und charmant wie vor 200 Jahren werden auch heute die Besucher in dem Haus empfangen. Sie fühlen sich wohl und gut aufgehoben in dem langgestreckten Restaurant (90 Plätze) im klassisch-modernen Ambiente mit der Tonnendecke, dem abtrennbaren Salon Rahel mit breiter Fensterfront zur Jägerstraße oder der für kleine Festlichkeiten genutzten Kellerbar.

Die Umgestaltung der Büro- und Funktionsräume aus DDR-Zeiten trägt die Handschrift des Architekten Meinhard von Gerkan. Alles ist erlesen und

Gemälde von Oliver Jordan im Restaurant.

unverwechselbar: Gemälde des Beuys-Schülers Oliver Jordan schmücken die Wände des Restaurants, die sich im venezianischen Stuccolustro, einer jahrhundertealten Spachteltechnik, darbieten; die Fussböden sind aus amerikanischer Eiche, die eigens angefertigten Möbel aus warm leuchtendem Birnbaumholz.

„Essen mit Freunden wie bei Freunden" soll hier wie zu Zeiten der Varnhagen Menschen zusammenführen zu anregendem Disput und leiblichem Vergnügen. Die Qualität der Küche von Kolja Kleeberg, durch vielfältige Auszeichnungen und Prädikate von „Michelin", „Gault Millau", „Aral-Schlemmeratlas" oder „Varta-Führer" belegt, verbindet Berliner Tradition mit internationalen Spitzenkreationen. Genießen soll hier der Gast, was er so woanders nicht bekommt. Die täglich wechselnde Mittags- und Abendkarte verrät eine absolute Frische-Küche ohne jedes „Convenience-Produkt" mit starker saisonaler Prägung und bevorzugten Erzeugnissen aus der Region, kombiniert mit internationalen Spitzenprodukten. Dabei stehen Müritz-Zander und Ente so selbstverständlich auf der Karte wie Hummer, lauwarme Scheiben vom Eisbein oder Flusskrebse und Jacobsmuscheln. Ganz und gar außergewöhnlich: der Weinkeller. Mit ca. 480 Weinen aus aller Welt gehört er zu den größten und bestsortierten in der Berliner Gastronomie. Die einstige Liebesbezeugung Kurt Tucholskys zu dem edlen Getränk: „Schade, dass man einen Wein nicht streicheln kann" – hier im VAU kann man sie gut verstehen. Eine „Sammlung" von 50 verschiedenen Digestiven und natürlich auch ein schäumender Gerstensaft, ob Berliner Pilsner oder Köstritzer Schwarzbier, Champagner oder Kognak sind Teil der vielgestaltigen Getränkeofferte des Hauses.

Gedenktafel für Rahel Varnhagen im Hauseingang.

Restaurant VAU
Jägerstraße 54/55
10117 Berlin
☎ 030/20 29 73-0
✉ 030/20 29 73 11
🖥 www.vau-berlin.de
✉ restaurant@vau-berlin.de
🕐 Montag bis Sonnabend
12.00 bis 14.30 Uhr und
19.00 bis 22.30 Uhr (Küche)
Sonntag Ruhetag
Restaurantleitung: Fam. Kleeberg

Lutter & Wegner Gendarmenmarkt

Berlin

In dem 1811 gegründeten gleichnamigen Lokal der königlichen Wein-Hoflieferanten Lutter & Wegner am Gendarmenmarkt waren sie Stammgäste: Carl Maria von Weber und Heinrich Heine, Richard Wagner, Adelbert von Chamisso und Joseph Freiherr von Eichendorff. Nacht für Nacht unterhielt der gleich um die Ecke wohnende E. T. A. Hoffmann die Tafelrunde der Serapionsbrüder mit skurrilen Spuk- und Gespenstergeschichten. Und der berühmte Schauspieler Ludwig Devrient, Darsteller des trinkfreudigen Falstaff, war es schließlich, der hier den Namen „Sekt" erfand. Auch in späteren Zeiten gaben berühmte Künstlernamen dem Haus die „Weihen" – von Marlene Dietrich bis Josephine Baker, Claire Waldoff oder Friedrich Hollaender. Ausgelöscht in den Bombennächten des Zweiten Weltkrieges, erstand es danach wieder neu: zunächst im Westberliner „Exil" und nach dem Fall der Mauer an historischem Standort am Gendarmenmarkt in der Charlottenstraße 56, nur zwei Ecken weiter von seiner einstigen Adresse Charlottenstraße 49. Die Ironie der Geschichte wollte es, dass Lutter & Wegner nun genau dorthin zog, wo einst sein berühmtester Stammgast E. T. A. Hoffmann sieben Jahre lang bis zu seinem Tode 1822 wohnte. Eine Gedenktafel erinnert daran.

1997 wurde Lutter & Wegner nach umfangreichen Restaurierungsarbeiten wieder eröffnet. Der Gast kann aus über 800 Weinsorten wählen, ihn hier genießen oder auch käuflich erwerben. Das Restaurant (100 Plätze) vereint das klassische Ambiente eines Weinlokals mit modernen Stilelementen. In der

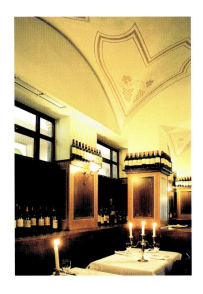

Hoffmannstube (oben) und Restaurant (links).

Berlin-Mitte

Weinstube (60 Plätze) mit Kreuzgewölbe-Kassetten und Säulenpaneelen, darauf Hunderte Weinflaschen im Karree angeordnet, kann bis in die tiefe Nacht gefeiert werden. In der Hoffmannstube (40 Plätze) wird so manche Gruselgeschichte des Erzählers bei einem erlesenen Tropfen zum literarischen Vergnügen. Und in der Weinhandlung (30 Plätze) gerät der Laie in Verwirrung und der Kenner ins Schwärmen angesichts der bis zur Decke reichenden offenen oder in die Wand eingelassenen Weinschränke mit ihrer Vielfalt vornehmlich deutscher und österreichischer, französischer und italienischer Rebsorten. Die Palette umfasst bekannte Markenweine ebenso wie einmalige Raritäten.

Die im Preis-Leistungs-Verhältnis gut ausgewogene internationale Küche mit betont österreichischer Prägung – geschuldet der Herkunft des heutigen Hausherrn und seines Maîtres an Herd und Pfanne – wird von den Gästen gern angenommen. Frische und Vielfalt sind Gütesiegel; die Standardkarte wird jeweils ergänzt durch eine täglich wechselnde Mittags- und Abendkarte.

An sonnigen Tagen hat der Gast auf der Restaurant-Terrasse (100 Plätze) einen der schönsten Plätze Europas direkt vor Augen. In den dreißiger Jahren des 18. Jahrhunderts wurde hier auf Geheiß des Soldatenkönigs Friedrich Wilhelm I. das Garderegiment „Gens d'Armes" stationiert, das dem Platz den Namen gab. Zu Adel und Ruhm gelangte er durch seine Bauten, das klassizistische Schinkel'sche Schauspiel- und heutige Konzerthaus sowie die es flankierenden Gontard'schen Kuppelbauten des Deutschen und des Französischen Doms. Während ersterer eine ständige Ausstellung zur deutschen Geschichte beherbergt, erinnert sein französisches Pendant von den nach dem Toleranzedikt des Großen Kurfürsten von 1685 in Berlin und Brandenburg eingewanderten französischen „Refugiés".

Die Weinhandlung.

Lutter & Wegner Gendarmenmarkt
Charlottenstraße 56
10117 Berlin
☎ 030/20 29 54 10
📠 030/20 29 54 25
🌐 www.lutter-wegner-gendarmenmarkt.de
🕐 Restauration täglich mit warmer Küche
von 12.00 bis 24.00 Uhr
Restaurant: 12.00 bis 01.00 Uhr
Weinstube: 18.00 bis 03.00 Uhr
Weinhandlung: 11.30 bis 19.00 Uhr
Inhaber: Laggner GmbH
Geschäftsführer: Josef Laggner

Zum Nußbaum

Berühmt gemacht hat die Gaststätte Zum Nußbaum ein Berliner künstlerisches Urgestein: „Pinsel-Heinrich" oder „Vater Zille", wie der Maler der Armen liebevoll von den Berlinern genannt wurde. Der von Kaiser Wilhelm als „Gossenmaler" geschmähte, später zum Akademiemitglied und Professor berufene Künstler war Stammgast im Nußbaum. Seine Zeichnungen und Aussprüche schmücken die Wände und Nischen des Lokals, und wer könnte Zilles Lebensmaxime nicht zustimmen, wenn er die von ihm im schönsten Berliner Jargon verfassten Knittelverse liest.

Einmal im Monat trifft sich im Nußbaum der Zille-Verein, dem bekannte Künstler und Schauspieler wie Walther Plahte oder Frank Zander angehören. Er spürt dem Leben und Wirken des berühmten Zeichners, der auch Fotograf war, nach und hält die Erinnerung an ihn wach – so jüngst mit der Einrichtung eines Zille-Museums im Nikolaiviertel.

Lange bekannt war der Nußbaum indes schon vor Zilles Zeiten. Das originale, ursprünglich 1507 auf der Fischerinsel gebaute spitzgieblige und etwas geduckt wirkende Gebäude ist nachweislich das älteste Bürgerhaus Berlins und seit zweieinhalb Jahrhunderten Gaststätte. Spreeschipper, die in der Inselstraße ihre Lastkähne ausluden, waren lange Zeit die Haupt- und Hausgäste. Seinerzeit schenkten sie der Wirtin einen Nußbaumableger, der, vor das Haus gepflanzt, ihm den Namen gab. Durch Bomben im Zweiten Weltkrieg völlig zerstört, wurde der Nußbaum in den achtziger Jahren originalgetreu wieder aufgebaut – nur eben an anderem Standort und mit einem anderen, einem nordamerikanischen Schwarznußbaum vor der Tür.

Die Nikolaikirche und die Gaststätte zum Nußbaum im Nikolaiviertel.

Berlin

Auch Heinrich Zille gehörte zu den Stammgästen im Nußbaum.

Zum Nußbaum
Am Nußbaum 3
10178 Berlin
☎/📠 030/242 30 95
🕐 täglich ab 12.00 Uhr
Inhaberin: Ute Karpinske

Oft findet man nur schwer einen Platz in den drei kleinen, miteinander verbundenen, mit dunklem Holz getäfelten Gasträumen (35 Plätze) mit Stammtisch, gemütlichen Ecken und kleinen Fenstern. Die Küche ist so, wie sie von den Berlinern geliebt und auch von vielen Zugereisten gern genossen wird: Hausgemachtes zu noch moderaten Preisen. Appetit holen kann sich der Gast schon beim Blick in den „Hungerturm" am Tresen – einem heute kaum noch zu findenden Wahrzeichen Altberliner Kneipen in Gestalt einer kleinen urigen Vitrine mit selbstgemachten Buletten, Solei, Rollmops, Hackepeter und Spreewaldgurke hinter Glas. Am Tisch geht es dann deftig zur Sache – mit selbst eingelegter Sülze und Berliner Bratwurst, Linseneintopf mit Knacker und Eisbein mit Sauerkraut und Erbspüree oder heißer Blutwurst. Und bei den Getränken muss man ja nicht unbedingt der Bestellung des berühmten Stammgastes folgen, der einstmals auf die Frage des Kellners „Herr Geheimrat, was darf's denn heute sein? Kognak, Rotwein oder Kümmel?" wie aus der Pistole geschossen antwortete: „Genau in der Reihenfolge!"

Wer an schönen Tagen im Straßengarten vorm Restaurant (30 Plätze) unter dem haushohen Nußbaum einkehrt, hat eines der ältesten Zeugnisse der Stadtgründung Berlins direkt vor Augen: die Nikolaikirche, um 1230 als spätromanische Basilika errichtet, im 14./15. Jahrhundert dann zur spätgotischen Hallenkirche mit dem markanten spitzen Doppelturm umgebaut. In den Jahren 1657–1666 wirkte hier als Pastor der Kirchenlieddichter Paul Gerhardt. Die noch zu DDR-Zeiten auf dem originalen Feldsteinunterbau wieder errichtete Kirche ist Museum und beherbergt eine Ausstellung zur Geschichte Berlins von den Anfängen bis zum Mittelalter.

Überhaupt ist der Nußbaum so etwas wie ein Dreh- und Angelpunkt für den Besuch eines der schönsten alten Stadtviertel Berlins. Dabei hat es erst reichlich zwei Jahrzehnte auf dem Buckel – vereint aber in seinen Mauern neben der Kirche als seinem Wahrzeichen ein ganzes Ensemble historischer, jahrhundertealter Gebäude, teils am ursprünglichen Ort restauriert, teils von anderswo nach hier umgesetzt und nachgebaut. Aus einer Trümmerwüste entstand das Nikolaiviertel in den letzten DDR-Jahren zur 750-Jahr-Feier Berlins.

Berlin-Mitte

Zur letzten Instanz

Berlin

Drastischer Berliner Humor – Herz mit Schnauze – gibt dieser alten Berliner Gaststätte ihr unverwechselbares Flair. Der Gast schmunzelt oder lacht hell los, wenn er die Speisekarte liest und entdeckt, dass sich hinter „Justizirrtum" ein Berliner Rinderschmorbraten mit Klößen und Rotkohl oder hinter „Beleidigungsklage" Matjesfilet nach Hausfrauenart mit Röstkartoffeln verbirgt. Vielleicht lässt er sich auch zu einer „Zeugenaussage" – sprich Berliner Eisbein mit Sauerkraut, Erbspüree und Kartoffeln – verführen oder bei einer Alt-Berliner Schlachteplatte mit Sauerkraut und Kartoffeln ins „Kreuz-Verhör" nehmen. Bei solch launiger Speisekarte und einer bald 400-jährigen Geschichte ist es wohl nicht übertrieben zu sagen: Wer nie in der Letzten Instanz war, der kennt Berlin nicht.

Bis ins Jahr 1621 reicht die Geschichte des Lokals zurück. Damals hatte ein ehemaliger Reitknecht des Kurfürsten hier eine Branntweinstube eröffnete. Bis zur vorigen Jahrhundertwende kannte man das Restaurant noch unter dem Namen Biedermeierstübchen am Glockenspiel. Mit dem Bau des Gerichtsgebäudes in der Littenstraße erhielt es in den Folgejahren, sozusagen ganz unfreiwillig, seinen heutigen Namen. Zwei Bauern, so wird berichtet, sollen einen langwierigen und erfolglosen Prozess geführt haben, den sie schließlich „in letzter Instanz" mit einer feuchtfröhlichen Zecherei in der urigen Destille beilegten. Andere Streitpartner wiederum sollen sich bereits vorher hier „am Tresen" gütlich geeinigt und auf den Gang zum Richter verzichtet haben.

Mit berechtigtem Stolz verweist der Inhaber des Lokals, Rainer Sperling, auf eine ganze Schar berühmter Persönlichkeiten – Künstler, Schriftsteller,

Historischer Majolika-Kachelofen im Schankraum.

Berlin

Die im ersten Stock gelegenen Geträume.

Zur letzten Instanz
Waisenstraße 14–16
10179 Berlin
☎ 030/242 55 28
☎ 030/242 68 91
🖳 www.gourmetguide.com/zurletzteninstanz
🕓 Montag bis Sonnabend 12.00 bis 1.00 Uhr
Sonntag 12.00 bis 23.00 Uhr
Inhaber: Rainer Sperling

Politiker und Unternehmern, die in der Letzten Instanz zu Gast waren. Heinrich Zille trank hier seine Molle, Wilhelm Raabe brütete über seiner „Chronik der Sperlingsgasse" und Maxim Gorki genoss oft die gemütliche Atmosphäre des Wirtshauses. Selbst Napoleon soll schon einmal im Schankraum am Stammtisch vor dem alten Majolika-Kachelofen gesessen haben. In jüngerer Zeit waren es die Staatspräsidenten Vaclav Havel und Jacques Chirac und natürlich der Regierende Bürgermeister, Präsidenten, Parteivorsitzende und andere honorige Persönlichkeiten.

Meist ist die Letzte Instanz knüppeldicke voll. Mit ihren fünf gemütlichen Gasträumen (100 Plätze) und ihrem im Sommer geöffneten Biergarten (40 Plätze) ist sie eine gefragte Adresse für die Berliner und ihre Gäste. Ihren Namen findet man in internationalen Reisebüros und Reiseführern; sie hat Partner in New York und Paris, in japanischen, skandinavischen und italienischen Städten. Sie bietet dem Tagesgast, der Reisegruppe oder der Runde von Geschäftsfreunden eine stimmungs- und genussvolle Bleibe, stellt den Gourmet ebenso zufrieden wie den Küchenenthusiasten mit Spezialitäten aus alten Kochbüchern, die kleine und große Gesellschaft mit einem zünftigen „Stralauer Fisch-" oder einem „Berliner Schlachter-Bufett".

Der Küchenchef André Sperling versteht sein Handwerk, hat sich seine Meriten bei Kempinski und in Spezialitätengaststätten erworben. So ist die Letzte Instanz längst zu einer „ersten Instanz" hauptstädtischer Gastkultur geworden. Zu ihrer Visitenkarte gehört auch, dass sie sich buchstäblich im Herzen Berlins befindet, unmittelbar hinter den Überresten der zwischen 1260 und 1280 aus Feldsteinen errichteten Stadtmauer, unweit des Roten Rathauses und des Alexanderplatzes, in direkter Nachbarschaft solch altehrwürdiger Gebäuden wie der Parochialkirche oder dem Alten Stadthaus.

Kellerrestaurant Brecht-Haus

Berlin

Er wollte seinem Theater am Schiffbauerdamm ein Stück näher sein. So zog er aus seiner Villa am Weißen See in das Hinterhofgebäude der Chausseestraße 125. Seinem Verleger Suhrkamp schrieb er: „Ich wohne jetzt in der Chausseestraße, neben dem 'französischen' Friedhof, auf dem Hugenottengeneräle und Hegel und Fichte liegen ... Seit ich dem Theater so viel näher wohne, habe ich meine jungen Leute natürlich noch öfter auf dem Hals, sie kommen in Rabenschwärmen, aber Sie wissen, ich bin dafür." Hier lebten und arbeiteten Bertolt Brecht von Oktober 1953 bis zu seinem frühen Tode im August 1956, seine Frau und großherzige Lebensgefährtin, die Schauspielerin und Theaterleiterin Helene Weigel bis 1971. Hier schuf der Dramatiker, Lyriker und scharfsinnige Zeitanalytiker manche seiner berühmten Werke – Theaterstücke und Regiekonzepte, aber auch Gedichte, Prosa und Aufsätze zu politischen Themen der Zeit. Die Räume boten günstige Schaffensbedingungen, so sein Arbeitszimmer, eine frühere grafische Werkstatt, „etwa neun Meter im Geviert, so dass ich für verschiedene Arbeiten mehrere Tische aufstellen kann". Und mit Augenzwinkern gestand er seinem Verleger: „Es ist wirklich ratsam, in Häusern und mit Möbeln zu wohnen, die zumindest 120 Jahre alt sind, also in früherer kapitalistischer Umgebung, bis man eine spätere sozialistische haben wird ..."

1978 – anlässlich des 80. Geburtstages von BB – wurde das Wohnhaus unter dem Patronat der Akademie der Künste der DDR als Brecht-Weigel-Gedenkstätte eröffnet – mit Brecht-Zentrum, Brecht-Archiv und dem Kellerrestaurant (35 Plätze). Dieses ist stilvoll ausgestattet mit Requisiten, Bühnenmobiliar und Dekorationen aus dem Fundus des Berliner Ensembles. Alles ist

Das kleine Tonnengewölbe aus der Zeit der Hausgründung von 1847

Kellerrestaurant mit Requisiten aus dem Fundus des Berliner Ensembles.

Berlin

Durch den Hofgarten gelangt man zur Brecht-Weigel-Gedenkstätte.

Kellerrestaurant Brecht-Haus
Chausseestraße 125
10115 Berlin
☎ / ✉ 030/282 38 43
⏰ täglich ab 18.00 Uhr
Gartenrestaurant im Sommer ab 12.00 Uhr
Inhaber: Steffen Menzel

Brecht-Weigel-Gedenkstätte
☎ 030/283 05 70 44
⏰ Führungen:
Dienstag bis Freitag 10.00 bis 12.00 Uhr
Donnerstag 17.00 bis 19.00 Uhr
Samstag 9.30 bis 14.00 Uhr
Sonntag 11.00 bis 18.00 Uhr

echt und ursprünglich – die Troddel-Messinglampen aus dem Rotlichtmilieu der 20er Jahre oder der „Hirsch", ein originales Plüschsofa aus einer Brecht-Inszenierungen, die fünfeckigen Tische aus dem Bestand von Kneipenmöbeln der vorigen Jahrhundertwende oder die Guckkästen von Karl von Appen mit Bühnenbildern von Brecht-Stücken. Das angrenzende kleine Tonnengewölbe (15 Plätze) aus der Zeit der Hausgründung von 1847 ist der rechte Ort für ein trautes Zusammensein unter guten Freunden, der malerische Hofgarten unter hohen alten Kastanienbäumen (60 Plätze) ist ein Raum naturhafter Stille, begrenzt von der Eingangsmauer zum Dorotheenstädtischen Friedhof, auf dem Bertolt Brecht und Helene Weigel bestattet sind.

Es wäre womöglich so etwas wie „Ketzerei", wenn nicht auch das Speisenangebot den Vorlieben seiner früheren Bewohner folgen würde. Zumal „Heli", wie sie liebevoll von ihren Theaterkollegen genannt wurde, eine vorzügliche und passionierte Köchin war. Ihre wienerische Herkunft, die Geburtsregion Augsburg von Brecht und das 15-jährige Exil beider, in dem die Not oft zum Improvisieren zwang, prägen die traditonsreiche und zugleich kreative Küche des Hauses. „Wiener Geschichten" sind dabei die Nummer 1 – mit Tafelspitz und Paradeisersuppe (feine Tomatensuppe mit Speck), Fleischlaberln mit hausgefertigten Speckknödeln, „Helis Krautspätzle" mit Speckgrammeln und natürlich Kaiserschmarren, Salzburger Nockerln und Topfenpalatschinken. Ein Monatskalender enthält saisonale Offerten – ob Osterlamm oder Frühlingsgemüse, Spargel oder Maischolle – wie auch „Koch- und Backversuche" in der Weigel'schen Art: mit Marillen (Aprikosen) und Ribisel (Johannisbeeren), hausgemachten Gemüsekuchen oder Eierschwammerln. 130 Weine, international gut sortiert, und heimische Berliner Biere runden das Menü trefflich ab. Selbst bei Tische besticht das Individuelle, passend zum jeweiligen Gericht – ob originales Zwiebelmustergedeck oder Geschirr aus Meißner Porzellan.

Berlin-Mitte

SORAT-Hotel Spreebogen/Alte Meierei

Im September 1994 öffnete in Alt-Moabit, direkt am mäandernden Lauf der Spree, ein ungewöhnliches Haus seine Pforten: das SORAT-Hotel Spree-Bogen mit der Gaststätte Alte Meierei. Hinter den geschichtsträchtigen Backsteinmauern der historischen Meierei Bolle, die hier seit 1886 ihren Firmensitz hatte, entstand eine Einkehrstätte erster Güte: ein Vier-Sterne-Quartier.

Carl Bolle (1832–1910), der „Patriarch", hatte Ende des 19. Jahrhunderts an hiesigem Standort sein Firmenimperium gegründet. Hier wurde Milch, die Bolle überwiegend per Bahn aus Brandenburg bezog, zu Sahne und Butter, Margarine und Käse verarbeitet. Jahrzehntelang war „Bimmelbolle" in Berlin ein Begriff. Mit seinen Pferdefuhrwerken, später mit Automobilen brachte er Milch und Milchprodukte zu den Leuten. Bereits zu Beginn des 20. Jahrhunderts hatte er in der Hauptstadt einen Marktanteil von 14 Prozent. Einen Namen machte sich der Unternehmer auch durch sein aus christlichem Ethos gespeistes soziales Engagement für die Betriebsangehörigen „von der Wiege bis zur Bahre" – mit Betriebskrankenkasse und Kleinkinderschule, Werksversorgung und Kantine, Festsaal, eigener Kirche und Bestattungsinstitut. Nach dem Zweiten Weltkrieg und schweren Schäden an den Betriebsgebäuden verlagerte das Unternehmen seinen Traditionssitz an die Peripherie und wandelte sich zu einer Lebensmittel-Filialkette.

Die 221 elegant eingerichteten Hotelzimmer, darunter Maisonetten, Superior-Zimmer und eine Penthouse-Suite hoch über den Dächern von Berlin verbinden heute an diesem Ort Großstadt-Idylle an der Spree mit bestem zeitgenössischen Komfort. Wo einst Butter und Joghurt verpackt wurden, wird heute in fünf Veranstaltungsräumen und Salons (bis zu 800 Plätze) getagt und gefeiert, präsentiert und beraten. Sauna, Solarium und Dampfbad sorgen für Entspannung und Wohlbefinden.

Hoteleigene Motoryacht an ihrem Liegeplatz im Spreebogen.

Berlin

Rezeption mit Cocktailbar Eins-Zwei-Drei.

Ein gastronomisches Kleinod in der einstigen Remise: das Restaurant Alte Meierei (125 Plätze). Sein historisches Kolorit – preußische Kappendecke und gusseiserne schwarze Säulen, ins Mauerwerk eingelassene Fensterbögen, farbiger Kachelboden und Bildmotive aus der „Bolle"-Geschichte an den Wänden – verleihen dem gastlichen Raum ein eigenes, unverwechselbares Flair. Hotel- und Tagesgäste lassen sich hier mit einer ausgesuchten regionalen und internationalen Küche, mit Gerichten von Maître Rainer Strobel, auch als ARD-Fernsehkoch gut bekannt, verwöhnen. Heimische Produkte werden phantasievoll mit Zutaten aus anderen Regionen kombiniert. Längst erfreut sich der sonntägliche Brunch in der Alten Meierei mit Live-Musik eines guten Rufes. Und in der Cocktailbar Eins – Zwei – Drei (50 Plätze) kann der Gast nicht nur einen ausgesuchten Drink, sondern auf der großen Sonnenterrasse direkt am Flussufer auch den Blick auf die Spree genießen. Noch näher rückt die Hauptstadt bei einer Spritztour auf dem Fluss mit einem Fahrgastschiff oder mit der hoteleigenen Motoryacht.

SORAT-Hotel Spreebogen
Alt-Moabit 99
10559 Berlin
☎ 030/39 92 00
📠 030/39 92 09 99
🖥 www.sorat-hotels.com
✉ spree-bogen@sorat-hotels.com
🕐 Hotel durchgehend
Restauration täglich ab 6.30 Uhr
Brunch sonntags 12.00 bis 15.00 Uhr
Cocktail-Bar täglich ab 15.00 Uhr
Direktor: Michael Eiser

Café Einstein

Im Jahr ihrer Einweihung 1870 war gewiss nicht abzusehen, dass die noble Tiergarten-Villa im Herzen Berlins, unweit von Kurfürstendamm und Gedächtniskirche, dereinst als Café Einstein vielfach in einer Reihe genannt wird mit berühmten Caféhäusern in anderen europäischen Großstädten. Erbaut von einem Fabrikanten als vornehmes Wohndomizil, wurde es später als luxuriöses Spielcasino genutzt. Ein mächtiger, bei Restaurierungsarbeiten im Keller gefundener Tresor erinnert daran. In den »wilden Zwanzigern« nach dem Ersten Weltkrieg erwarb der Ufa-Stummfilmstar Henny Porten das Haus. Hier traf sich die Theater- und Filmprominenz der Hauptstadt, waren Fritz Lang und andere berühmte Schauspieler zu Gast. Verschont geblieben von den Bomben im letzten Krieg, verwandelte sich schließlich Ende der siebziger Jahre die damals leerstehende Villa in das heutige Caféhaus – getreu seiner Tradition auch mit künstlerischer Prägung. Mehr als 700 Veranstaltungen fanden seitdem hier statt. Zu danken ist die gastlich Metamorphose zwei Wienern: Wilhelm Andraschko und Ursula Bachauer, die sich in das schöne Anwesen verliebten und ein Stück wienerische Caféhaustradition von der Donau an die Spree holten, eben ins Café Einstein.

Diese wird nun seit über zwei Jahrzehnten mit Geist, Geschick und Geschmack kultiviert. Entspannt und genussvoll geht es zu in den vier miteinander verbundenen, wohnlich-vornehm gestalteten Goasträumen (insgesamt 130 Plätze) mit Sitzbänken und Sesseln aus rotem englischen Leder, kleinen quadratischen, eigens in Paris hergestellten Marmortischen, verspiegelten Wänden und vergoldeten Stuckverzierungen. Ein Schmuckstück darin, das auf

Das Café Einstein in einer ehemaligen Fabrikantenvilla in der Kurfürstenstraße.

den ersten Blick gefangen nimmt: die »Bibliothek« in edler mahagonifarbener Holzverkleidung, mit Folianten hinter Glas und eingerichtet als gastliches »Herren-Zimmer«. Doch ob nun beim Kaffee und ausgedehnten Frühstück mit morgendlicher Zeitungslektüre, beim Nachmittags-Tee oder einem opulenten Mahl, ob allein, zu zweit oder in geselliger Runde – im „Einstein" findet der anspruchsvolle Gast das ihm Gemäße. Freunde der österreichischen Küche kommen bei Wiener Schnitzel mit Petersilienkartoffeln, Wiener Gulasch, Tafelspitz, Kaiserschmarrn, Wiener Melange und einem edlen Tropfen von „drunt' in der Lobau" voll auf ihre Kosten.. Die Kaffee- und Eisspezialitäten, Strudel, Torten und Kuchen, lassen jedem „Süßschnabel" schon beim Lesen der Speisekarte das Wasser im Munde zusammenlaufen. Sehr begehrt im Sommer ist ein Platz im Gartenrestaurant unter hohen Lindenbäumen (200 Plätze), in wohltuender Abgeschiedenheit von jeglicher urbaner Hast: Pergolen, Palmen und Glaspavillon verleihen ihm ein leicht mediterranes Flair.

Auch heute ist im Einstein die Besinnung auf seine künstlerische Vergangenheit spürbar. Gesellen sich doch zu den kulinarischen auch die schönen Künste, finden die Gäste Vergnügen an der DAAD-Galerie im Haus, die wechselnde Ausstellungen nationaler und internationaler Künstler bietet.

Das hiesige „Mutterhaus" in der Kurfürstenstraße unterhält mittlerweile Unter den Linden sogar ein exclusives Pendant. Hier wird der „Türkentrank" aus der eigenen Rösterei ausgeschenkt – als Wiener Melange oder als Espresso „Unter den Linden". Die kleine Probat-Röstmaschine, die einst im Eingangsbereich zum Café Einstein stand, hat sich inzwischen längst zu einer großen Rösterei in der Charlottenburger Franklinstraße gemausert, in der 23 Sorten aus 23 Ländern verarbeitet, verkostet und dann weltweit verkauft werden. So kam „ein Stein" zum anderen, und das Café Einstein selbst ist zum gefragten Markenzeichen geworden.

Café Einstein
Kurfürstenstraße 58
10785 Berlin
☎ 030/263 91 911 und 261 50 96
📠 030/261 91 76
🖥 www.cafeeinstein.com
🕐 täglich ab 8.30 Uhr
Inhaber:
Elisabeth Andraschko und Ursula Bachauer
Geschäftsführer: Ingolf Miessen

Die Bibliothek ist im Stil eines Herren-Zimmers eingerichtet.

Altes Zollhaus

Berlin

Wenngleich direkt am Wasser des Landwehrkanals gelegen, wurde hier noch zu keiner Zeit Zoll erhoben von den vorbeifahrenden Kähnen. Namen von historischen denkmalgeschützten Häusern erinnern mitunter an ein vergnügliches Puzzlespiel – so wie hier. Das 1904 von dem Architekten Ludwig Hoffmann (Altes Stadthaus, Märkisches Museum, Märchenbrunnen) errichtete romantische Fachwerkhaus mit Satteldach, Gaubenfenstern und steingemauerten Torbögen war dereinst schlicht ein Depotgebäude der Berliner Stadtreinigung. Mit hintersinnigem Schmunzeln verweist dann Hausherr Herbert Beltle darauf, dass der „Zoll" doch nichts anderes sei als der gastliche Obolus, sprich der Preis, den der Besucher für eine Mahlzeit in einem der schönsten Berliner Restaurants entrichtet.

Ministerpräsidenten und Altbundeskanzler, Fürst Rainier von Monaco und der japanische Kaiser, Künstler von Rang wie Daniel Barenboim, Udo Lindenberg und James Last zieren die Gästeliste und sind Referenz für die ungewöhnliche gastliche Stätte.

Eine Atmosphäre wohnlicher Geborgenheit empfängt den Besucher im A-la-carte-Restaurant im Erdgeschoss (60 Plätze) mit seinem schönen alten Bauernmöbel, dem bis zur Decke reichenden Kachelofen, der an kalten Tagen wohlige Wärme verströmt, mit Prozellankronleuchtern und hohen Sprossen-

A-la-carte-Restaurant im Erdgeschoss.

Berlin-Kreuzberg

Berlin

Schmugglerscheune im Obergeschoss.

Altes Zollhaus
Carl-Herz-Ufer 30
10961 Berlin
☎ 030/692 33 00 und 691 76 76
📠 030/692 35 66
🖥 www.altes-zollhaus-berlin.de
🕐 Dienstag bis Sonnabend ab 18.00 Uhr
Für Veranstaltungen ab 25 Personen täglich
auch mittags geöffnet
Inhaber: Herbert Beltle

fenstern, die den Blick auf Bäume und Wiesen, das Wasser und die am Haus vorbeiziehenden Boote freigeben. Das Obergeschoss beherbergt die „Schmugglerscheune" (90 Plätze). Unter wuchtigem, den Raum dominierenden offenen Deckengebälk, an rustikalen langgestreckten Tischen kann hier gefeiert werden. An schönen Tagen genießt so mancher Gast im Hofgarten (50 Plätze) die Ruhe im Grünen. Leicht verblüfft, doch eher schmunzelnd nimmt der Besucher wahr, dass ihn im Alten Zollhaus ein heimischer Vogel auf Schritt und Tritt „verfolgt" – die Ente. Mag es am nahen Wasser oder der ländlichen Idylle liegen – der Einfall der Wirtsfamilie, das liebe Federvieh gleichsam zum Symbol, zum allgegenwärtigen »Maskottchen« des Hauses zu erheben, war gelungen. Enten aus Ton, Keramik und Porzellan zieren Wände und Regale. Vor allem aber bereiten die Vögel den Gästen Genuss, wenn sie »aus dem Rohr« auf den Tisch kommen – als Märkische Landente geschmort, ausgelöst, mit Kartoffelpuffern und Speckwirsing, mit Grün-, Rot- oder Spitzkohl. Das täglich in unterschiedlicher Variation dargebotene „Enten-Menü" ist für viele Besucher und Stammgäste ein ganz besonderer Anziehungspunkt und ein mittlerweile weithin bekanntes Markenzeichen der Hausküche.

Wie überhaupt im Alten Zollhaus das Bodenständige, Heimische aus regionalen Produkten Trumpf ist. Nicht Fisch etwa aus dem Mittelmeer – dafür Wels und Zander aus brandenburgischen Gewässern: der kross gebratene Havelzander auf lauwarmem Kartoffel-Gurken-Salat ist ein ausgesprochener Renner auf der Speisekarte. Und ob Rehbockkeule mit Morchelrahmsoße, Lammrücken mit Bärlauchsoße oder gebackener Kalbskopf mit Blutwurstknödeln – sie alle verraten den Meister der regionalen Küche unter der „Kochmütze" des internationalen Schlemmerlexikons „Gault Millau".

Bamberger Reiter

Berlin

Der den Bamberger Dom zierende jugendliche Fürst zu Pferde, skulpturiert von einem unbekannten Meister um 1235 als idealisierte Ritterfigur der Spätstauferzeit, findet sich hier als weiße Porzellanfigur wieder. Er ist zugleich der Namenspatron dieses Restaurants im Bayerischen Viertel. Hier waren überwiegend aus Süddeutschland zugezogene Bauhandwerker und kleine Gewerbetreibende zu Hause.

Der Bamberger Reiter ist aus einer Fleischerei mit Imbiss hervorgegangen. 1906 gebaut, erinnern bei Restaurierungsarbeiten gefundene Utensilien daran, so ein alter Kupfer-Brühkessel. Ein Eintopf mit Schrippe kostete vor dem Ersten Weltkrieg noch 15 Pfennige. Und immer schon gab es den Porzellanreiter, der Erinnerung an heimatliche Gefilde wach rief. Seit Jahrzehnten zieht es nicht nur Berliner, sondern Gäste von weither in das stilvolle Restaurant (36 Plätze) und an schönen Tagen in den Vorgarten (25 Plätze). Hinter Butzenscheiben mit bayerischen Stadtwappen und gemauerten niedrigen Tür- und Fensterbögen, unter dunkler Balkendecke in heimeligen Nischen lässt sich in den drei kleinen, miteinander verbundenen und unterschiedlich gestalteten Räumen gut einkehren. Erinnert der eine mehr an eine stimmungsvolle Weinbodega, so der andere mit verspiegelten Wänden und Apothekengegenständen dahinter an eine Pillenstube aus Spitzwegs Zeiten.

Ganz im alpenländischen Stil präsentieren sich Küche und Keller der Einkehrstätte. Zum Bayernland kam gleich noch Österreich hinzu – dank Franz

Ganz im alpenländischen Stil präsentieren sich Küche und Keller der Einkehrstätte.

Berlin-Schöneberg

Berlin

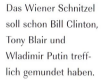

Das Wiener Schnitzel soll schon Bill Clinton, Tony Blair und Wladimir Putin trefflich gemundet haben.

Raneburger, einem gebürtigen Tiroler, der heute wie vor Jahrzehnten immer noch am Herd steht. Seit 1982 Besitzer des Bamberger Reiters, hat er sein Herz an ihn verloren, vergleicht er das Lokal gern mit einem seltenen Oldtimer, der gehegt und gepflegt werden muss, damit er nichts von seiner Anziehungskraft einbüßt. Die Gäste genießen bei ihm hausgemachte österreichische Schmankerln. Das Wiener Schnitzel etwa mit Petersilienkartoffeln und Häuptlsalat soll schon Bill Clinton, Tony Blair und Wladimir Putin trefflich gemundet haben. Auch der Tafelspitz, gekocht mit Apfelkren und Schnittlauchrahm, oder die geschmorten Kalbsbacken auf Graupen mit Frühlingsgemüse, das Wachauer Backhendel mit Kartoffel-Gurkensalat oder das geschmorte Bauernlamm mit Frisolen und Karfiol (Bohnen und Blumenkohl) gehören zu den Spezialitäten des Hauses. Alpenländer Käseteller, Kaiser- und Topfenschmarrn sind ebenso unverzichtbarer Teil der gastronomischen Offerte wie die breite Palette erlesener österreichischer Weine, die jedes Menü zu einem kulinarischen Erlebnis werden lassen.

Wer nach solch lukullischem Erlebnis die alpenländische Küche zu Hause einmal ausprobieren möchte, kann sich bei den Kochkursen von Franz Raneburger Anregungen holen. Diese finden regelmäßig im angrenzenden Bistro à coté statt. Die stilvolle Restauration wird ausschließlich zur exklusiven Anmietung für Feierlichkeiten, Veranstaltungen und Seminare im kleinen Kreis mit bis zu 30 Personen genutzt.

Bamberger Reiter
Regensburger Straße 7
10777 Berlin
☎ 030/218 42 82 und 214 00 22
📠 030/214 23 48
🕐 Dienstag bis Sonnabend 17.30 bis 23.30 Uhr und – wie Bistro à coté – nach Bestellung und Vereinbarung
Inhaber: Bamberger Reiter GmbH

Berlin-Schöneberg

Gasthaus Zenner

Berlin

„Hier können Familien Kaffee kochen" – und so zogen sie denn mit Kind und Kegel am Wochenende zum Zenner, bepackt mit Stullen- und Kuchenpaketen, mit Kaffee, den sie hier mit heißem Wasser für ein paar Pfennige aufbrühen konnten. An der insel- und buchtenreichen Spree inmitten eines prächtigen Laubwaldes war gut Verweilen, das gastliche Haus ein willkommener Zufluchtsort auch für Leute mit kleinem Geldbeutel und das viele Jahrzehnte lang. Gilt doch der Zenner als nachweislich älteste Berliner Ausflugskneipe – mit magistratlichem Siegel. Aus einer Fischerhütte um 1600 hervorgegangen, erfreute sich die seinerzeitige „Spreebudike" mit späterem Brauhaus (um 1700) bald großer Beliebtheit bei den Berlinern. Doch die städtischen Behörden wollten höher hinaus – und so wurde 1822 hier das Gasthaus Treptow als Neues Gartenhaus an der Spree festlich eröffnet. Gedacht war es zunächst für die Bedürfnisse des „feineren Publikums der Residenz", ein Gebäude im „eleganten Styl" des Klassizismus. Mit der Übernahme durch den Pächter Zenner 1888, einem Gastwirt mit Leib und Seele, bekam das Haus seinen heutigen Namen und seinen legendären Ruf als Ausflugs- und Erlebnisgaststätte für die ganze bunte Berliner Gesellschaft. Wieder aufgebaut nach Kriegszerstörungen in den fünfziger Jahren, gewann das Lokal bald seine Popularität zurück. Erst recht nach der Wende und nach einer Verschönerungskur mit Millionenaufwand, die dem Haus viel von seinem einstigen Glanz und noch ein bisschen mehr verlieh.

Jeder kann sich seinen Lieblingsplatz aussuchen: im Biergarten (1 500 Plätze) direkt an der Spree unter hohen Linden- und Ahornbäumen oder auf der malerischen hochgelegenen Freiterrasse (150 Plätze) mit Blick auf Park,

Haus Zenner mit Biergarten und eigener Anlegestelle an der Spree.

See, Insel der Jugend und die anlegenden Schiffe der Stern- und Kreisschifffahrt, im vornehmen Altberliner Restaurant (70 Plätze) mit Ledermöbeln und Separeés, das eigentlich den Namen Bistro zu Unrecht trägt, oder im modernen Selbstbedienungsrestaurant Burger King (80 Plätze), das besonders gern von jungen Leuten aufgesucht wird. Bei schönem Wetter steigt am Wochenende die Große Gartenparty mit Frühschoppen, Brunchbuffet und Live-Musik. Wie schon zu früheren Zeiten ist Kinderfreundlichkeit ein sympathischer Zug des Gasthauses, und die Kleinen können sich ungestört auf Spielplätzen und in Spielecken tummeln.

Berühmt ist der Zenner mittlerweile auch durch sein zweites Markenzeichen – die Eierschale (250 Plätze). Viermal in der Woche „hallt sie wieder" von Jazz und Dixiland, Rock und Pop, ist sie gefragter Treff auch für Festlichkeiten. Der mit dunklem Holz getäfelte Raum, mit Säulen und buntem Glas verziert, mit kleinen Emporen und Sitzgruppen versehen, verbreitet ein Flair stilvoller Behaglichkeit.

Von Schopenhauer stammt der Satz, dass man den Charakter eines Volkes oder einer Stadt nach seiner Speisekarte beurteilen kann. Im Zenner dürfte das nicht schwer fallen – bei Urberliner und gut bürgerlicher deutscher Küche mit monatlich wechselndem Speiseangebot. Es reicht von Mutterns Kartoffelsuppe über den Berliner Kartoffelsalat mit Bratwurst und Bulette, Kesselgulasch und die leckeren Riesenkohlrouladen bis zu Fleisch und Fisch von Grill, Pfanne oder Lavastein, Vegetarischem bis hin zu kindgerechten, kleinen Portionen.

So bietet Zenner gastliche Einkehr für jedermann und jeden Anlass – für den kleinen wie den großen Hunger, für den Ausflugsradler oder die ganze Familie, für den Tanzwütigen oder den stillen Genießer, die Geschäftsrunde wie auch für Betriebsausflüge und -jahresfeiern mit 50 bis 500 Teilnehmern. Und wie bereits vor 200 Jahren klingt heute so manche Festivität, ganz besonders zu den jährlichen Treptower Festtagen im Juni, mit einem großen Feuerwerk aus.

Jazz-Kneipe Eierschale im Haus Zenner.

Gasthaus Zenner
Alt-Treptow 14–17
12435 Berlin
☎ 030/533 73 70
✉ 030/533 77 71
🖥 www.hauszenner.de
✉ post@zenner-eierschale.de
🕐 Montag bis Freitag ab 10.00 Uhr
Sonnabend/Sonntag ab 9.00 Uhr
Biergarten:
März bis Oktober täglich
11.00 bis 22.00 Uhr
Inhaber: Zenner Restaurations GmbH
Geschäftsführer: Frank Kühl

Ratskeller Köpenick

Berlin

Er befindet sich im wohl berühmtesten Gebäude von Köpenick – dem Rathaus. Weltbekannt wurde es durch den „Hauptmann von Köpenick". In Verkleidung eines preußischen Offiziers hatte um die Jahrhundertwende, exakt am 16. Oktober anno 1906, der verarmte Schuster Wilhelm Voigt mit einem Trupp Soldaten das Rathaus besetzt, den Bürgermeister verhaftet und die Stadtkasse mit genau 4 002,37 Reichsmark beschlagnahmt. Zuvor hatte er sich aus dem Leihhaus die Offiziersmontur besorgt. In der ganzen Welt lachte man über das preußische Militär. Während der alljährlichen „Köpenicker Festwoche" im Sommer feiert der Hauptmann fröhliche Auferstehung. Symbolisch schließt der Uniformierte dann den Ratskeller auf. Sein Wunsch aus Erfahrung an Gastgeber und Gäste: „Haben Sie immer einen Pfennig mehr in der Kasse als Sie benötigen."

Schwerlich kann sich der Besucher solch origineller Einladung entziehen. Schon wenn er in die enge und verwinkelte Straße Alt-Köpenick – mit Auto, Straßenbahn oder weit besser per pedes – einbiegt, zieht ihn das prächtige 1901 bis 1904 in mittelmärkischer Backsteingotik errichtete Rathausgebäude magisch an, und steigt er kurz darauf erwartungsvoll in den historischen Ratskeller hinab.

Wolfgang Pinzl, ein junger Gastronom, gewann Anfang der neunziger Jahre die öffentliche Ausschreibung des Ratskellers durch die Stadtverwaltung. Sein Wahlspruch war: „Wir wollen frischen Wind in die historischen Gewölbe bringen." Raumstörende Podeste wurden entfernt, die Wände neu gestaltet

Das Rathaus wurde durch den Hauptmann von Köpenick weltberühmt.

Berlin-Köpenick

und als besonderer „Ratskellergag" Kupferrohre an der Decke angebracht, durch die Bier und alkoholfreie Getränke fließen.

Und so präsentiert sich der Ratskeller heute seinen Besuchern: Im Großen Gewölbeschankraum mit seinen 160 Plätzen ist die Attraktion die „Zwanzigratsherrentafel" – ein 5,20 mal 1,40 Meter großer Holztisch. Die kulinarischen Gaumenfreuden werden von original Berliner Küche bestimmt. In der hauseigenen Räucherei wird das „Leibgericht des Wilhelm Voigt" zubereitet – eine heißgeräucherte Schweinshaxe auf deftigem Kraut mit Kartoffeln serviert. Die Ratskellerspezialität! Neben weiteren Empfehlungen aus der Räucherkammer, wie Entenbrust und Forelle, empfiehlt der Küchenchef Filet vom Havelzander oder „Nantes Versuchung mit Ente", eine rosa gebratene Entenbrust mit Marktgemüsen und Butterspätzle.

Vielfältige Veranstaltungen, Kabarett-, Musik- und vor allem Jazzabende verbinden das gastronomische Vergnügen mit einem kulturellen Erlebnis. Seit 1996 erfüllen den Rathaushof jedes Jahr die Klänge des Köpenicker Blues & Jazzfestival, dieser verwandelt sich in eine stimmungsvolle Kulisse für den Klangbogen von New Orleans bis Berlin. Das hochkarätige, von Weltstars und berühmten Bands gestaltete Musikereignis erstreckt sich über jeweils zehn Wochenenden im Jahr und zieht Freunde von Jazz, Blues und Dixieland an.

Berlin-Köpenick ist eine gute Adresse zum Erleben und Genießen. Wem nach oder auch vor der Schlemmerei nach Ratsherrenart nach einem ausgedehnten Spaziergang aus der Köpenicker Altstadt hinaus in die zauberhafte, von Seen und Wäldern geprägte Umgebung zu Mute ist, dem ist zu solchem Vorhaben nur zu raten. Köpenick – zu 75 Prozent von Wald und Wasser bedeckt – wird nicht zu Unrecht die „grüne Lunge" Berlins genannt und teilt sich mit Spandau den Rang als größtes Naherholungsgebiet der Hauptstadt.

In Ratskeller finden auch regelmäßig Jazz-Konzerte statt.

Ratskeller Berlin-Köpenick
Alt-Köpenick 21
12555 Berlin
☎ 030/655 51 78
✉ 030/65 47 27 49
🌐 www.ratskellerkoepenick.de
🌐 www.jazz-in-town.de
✉ service@jazz-in-town.de
🕐 täglich ab 11.00 Uhr
Inhaber: Wolfgang Pinzl

Bräustübl

Berlin

Eine der bekanntesten und ältesten Bier- und Speisegaststätten Berlins ist das Bräustübl am Müggelseedamm. Als brauereieigene Restauration und Ausschank des Unternehmens Berliner Bürgerbräu wurde es in dessen 125. Jubiläumsjahr 1994 nach umfangreichen Restaurierungsarbeiten wieder eröffnet. Die Räume in der Gaststätte – ganz mit Holz getäfelt, mit schönen bleiverglasten ornamentierten Fenstern, Bögen und Nischen versehen – verbreiten eine behagliche, wohltuende Atmosphäre und geben 100 Gästen bequem Raum. Man spürt die Liebe zum Detail, die bei der Wiederherstellung des Hauses nach Originalunterlagen gepflegt wurde.

Der Biergarten (80 Plätze), unter schattenspendenden Bäumen gelegen, ist an schönen Tagen ein begehrter Ort. Zum Bräustübl kommt der Berliner, um bei deftiger Hausmannskost wie Eisbein oder Schweinshaxe mit Sauerkraut und Erbspüree ein gepflegtes Bier zu genießen – sei es nun aus der hauseigenen Brauerei das Berliner Ratskeller Pilsner, das Rotkehlchen, den Maibock oder Dunklen Bock oder auch das Bernauer Dunkel. Selbstverständlich ist die Getränke- und Speisekarte ebenso für ausgesuchte Weine und internationale Gerichte offen. Originelle gastronomische Offerten haben schnell ihre Freunde gefunden – etwa wenn es heißt „Thor ruft zu Tisch" und man zu einem zünftigen Sonntagsbrunch nach Art und Sitte der alten Wikinger einlädt. Oder

Der Gambrinussaal ist dem Schutzherrn der Bierbrauer gewidmet.

Berlin-Friedrichshagen

Berlin

Bierausschank und
Restaurant des
Berliner Bürgerbräus.

Bräustübl
Müggelseedamm 164
12587 Berlin
☎ 030/645 57 16
📠 030/645 16 58
🖥 www.braeustuebl.de
🕐 täglich ab 12.00 Uhr bis nach Mitternacht
Montags geschlossen
Besuch im Brauereimuseum/Historisches
Sudhaus nach Vereinbarung
Tel.: 030/64 08 21 11
Inhaber: Jens Karnowski & Tobias Apelt

wenn es heißt: „Korkenknallen wie in den Zwanzigern" – eine sympathische kulinarische Referenz an Altberlin.

Das Bräustübl kann an eine jahrzehntelange gastronomische und kulturelle Traditionen anknüpfen. Schon Ende des 19. Jahrhunderts strömten die Berliner und viele Ausflügler hierher zur Brauerei, um das von einem Gastwirt ausgeschenkte Bier zu genießen und nicht zuletzt auch mit großen Booten in Gruppen bis zu 200 Personen über die Spree zu setzen. Jeder neue Pächter tat das Seine, um den Gastbetrieb noch attraktiver zu machen. Sommernachtsfeste fanden statt, jeden Freitag gab es ein Konzert der Friedrichshagener Kurkapelle und der Bockbieranstich wurde zünftig gefeiert. Auch der Friedrichshagener Dichterkreis um Wilhelm Bölsche und Bruno Wille traf sich hier. Heute ist der traditionsreiche Vereins- und Ballsaal, Mitte der neunziger Jahre sensibel restauriert, eine gefragte Adresse für die Freunde von Kleinkunst, von Dichterlesungen, Klavier- oder Gitarrenkonzerten, Chansonabenden, Kabarettdarbietungen oder politischen Dämmerschoppen.

Viel besuchter Ort ist auch das historische Sudhaus. Hier finden regelmäßig Bierverkostungen statt. Der Gast erfährt viel von der wechselvollen Geschichte der Familienbrauerei im Grünen, der ältesten übrigens in Berlin und hervorgegangen in der zweiten Hälfte des 19. Jahrhunderts aus dem ehemaligen königlichen Gutsbrauhaus von 1750. In den DDR-Jahren bedeutender Export-Bierlieferant mit gutem Ruf in allen Erdteilen, wird sie heute in Regie einer traditionsreichen Braufamilie aus Bayern geführt. Auf diese Weise ist das Bräustübl für Bierliebhaber zu einer gefragten Adresse geworden.

Berlin-Friedrichshagen

Zitadellen Schänke

Berlin

In alten geschichtsträchtigen Gemäuern einzukehren und die Uhren gleichsam um Jahrhunderte zurückzudrehen, hat für den heutigen Zeitgenossen immer wieder einen unbezwinglichen Reiz. Dies um so mehr an einem Ort in Berlin, der sich rühmen kann, älter als die Metropole selbst zu sein. Erstmals urkundlich 1197 erwähnt, erhielt Spandau bereits 1232 Stadtrecht – fünf Jahre vor der Gründung der Doppelstadt Berlin-Cölln. Noch betagter ist seine „Burg Spandow", die auf Albrecht den Bär (1100–1170) zurückgeht. Sein Denkmal ziert den Burghof, das von ihm hoch erhobene Kreuz versinnbildlicht die Christianisierung der hiesigen slawischen Vorfahren. Vom zinnenbewehrten Juliusturm eröffnet sich ein phantastischer Blick auf die Spandauer Altstadt bis weit über Berlin.

Zitadelle Spandau mit Juliusturm.

Wir sind in der Spandauer Zitadelle – einem der bedeutendsten Festungswerke der deutschen Hochrenaissance. Errichtet wurde es in der zweiten Hälfte des 16. Jahrhunderts auf den Grundfesten der alten Askanier-Wasserburg. Wehrturm und Palas, die gut erhaltenen wuchtigen Mauern, Bastionen und Kasematten, Wassergräben und Bewehrungen flößen Respekt vor der Festungsbaukunst unserer Altvorderen ein. Auf einer Insel am Zusammenfluss von Havel und Spree errichtet, sollte es die Stadt Berlin vor Feinden schützen, so im Dreißigjährigen Krieg vor den Schweden. Dem preußischen Königshof diente es im Siebenjährigen Krieg als Zuflucht vor den Österreichern. 1806 fiel die Feste an Napoleon und am 2. Mai 1945 wurde sie dank des mutigen Einsatzes russischer Parlamentäre kampflos und unversehrt übergeben.

„Spandau" und „Festungshaft" wurden in Preußen lange Zeit als Synonym verwendet. „Hüt' er sich, dass er nicht nach Spandau kommt", mahnte schon Friedrich II. Hier saß der berüchtigte Raubritter Dietrich von Quitzow ein und auch Turnvater Jahn wegen „demagogischer Umtriebe". Zur Nazizeit beherbergte die Zitadelle Geheimlabors zur Entwicklung chemischer Kampfstoffe.

Heute ist sie kulturelles Zentrum und Naherholungsgebiet in einem, eine historische Erlebnisstätte mit Stadtgeschichtlichem Museum und Archiv, mit Ausstellungen und Konzerten, Ateliers von Künstlern, Kunsthandwerkern und der Jugendkunstschule. Gefragt ist sie ganz besonders wegen ihrer Gastlichkeit, für die ein Name steht: Zitadellen Schänke. Sie ist in einem uralten Tonnengewölbe eingerichtet, das der einstigen Festung als Lagerraum diente. Die Keller-Galerie, Kaminzimmer und Schänke wie auch der Kanonenhof (insgesamt 150 Plätze) bestechen durch ihr stilvoll nachempfundenes Interieur. Gotisches Gestühl und weit ausladende schmiedeeiserne Deckenlüster an Ketten, Hellebarden und Rüstungen, Eberköpfe und Greifvögel zieren Decken und Wände. Rechter Ort ist solch urwüchsige Schänke für zünftige mittelalterliche Gelage, bei denen es zugeht wie zu Zeiten der alten Rittersleut' – mit reich gedeckter Festtafel am knisternden Kaminfeuer, mit Bänkel- und Minnesang. Gegessen wird mit dem Dolch, bestraft wird mit der „Schandgeige", wer die Gabel benutzt. Beim „Spießbraten", einem Sieben-Gänge-Menü mit Metwein aus dem Bullenhorn, kredenzt von Mägden und Knechten, gibt's nur „die besten Stücke der Sau". Oft sind mancherlei geheimnisvolle Rezepturen der Zitadellenköche im Spiel. Doch keine Angst – es sind samt und sonders „Elixiere des Lebens", ob sie nun aus dem großen Kupferkessel, vom Holzbrett oder aus Hörnern serviert werden. Zeremonielle Handwaschungen, umgelegte Lätze und Ritterschlag gehören zum gastlichen Spektakel ebenso wie kulinarische

Auf gotischem Gestühl kann man sich zum mittelalterlichen Gelage niederlassen.

Als Spezialitäten werden Spießbraten und „die besten Stücke der Sau" serviert.

Köstritzer Schwarzbierbrauerei

Unter den drei »B«, die für Köstritz stehen, hat das Bier der Blumen- und der Bäderstadt längst den Rang abgelaufen. In den Zeiten von Goethe gefeiert und von Bismarck als »Aristokratin der Biere« gerühmt – hat das Köstritzer Schwarzbier eine über 450-jährige Tradition aufzuweisen und die Stadt zum Mekka der Biertrinker gemacht. Das »Schwarze mit der blonden Seele«, ein herber, schaumkräftiger, aus dunklem Malz gebrauter Gerstensaft, ist heute mehr denn je gefragt. Mit einem Anteil von fast 40 Prozent ist es in Deutschland zum Marktführer im Segment der untergärigen dunklen Biere aufgestiegen. Zugleich wird es in 28 Länder, eingeschlossen die USA und Asien, exportiert.

Lang war der Weg von der Verleihung des Braurechts anno 1543 über die »Fürstliche Brauerei« derer von Reuß mit Beginn des 19. Jahrhunderts, zur Exportbierbrauerei zu DDR-Zeiten bis zum heutigen renommierten Unternehmen in der Bitburger Getränkegruppe.

Dank umfassender Investitionen in Technik, Produktionsausstattung und Marketing wurde in den letzten 10 Jahren eine der modernsten Braustätten Thüringens mit hocheffektiven Brau- und Abfülltechnologien geschaffen. Die Jahresproduktion stieg auf über 800.000 Hektoliter. Die Markenbiere Köstritzer Schwarzbier, Köstritzer Edel Pils und Diät Pils sind jedem Bierfreund ein Begriff. Und neuerdings mischt auch die einzigartige Produktneuheit – Köstritzer bibop – im Segment der Biermixgetränke erfolgreich mit. Es ist das erste Schwarzbier mit Cola und Guarana.

Alle Erfahrungen sprechen dafür, dass die Thüringer Bierspezialitäten aus Köstritz ihrer Favoritenrolle auch im 3. Jahrtausend gerecht werden.

Das Schwarze mit der blonden Seele

Aus dem Haus der magischen Biere

Berlin

Zitadellen Schänke
Am Juliusturm
13599 Berlin-Spandau
☎ 030/334 21 06
📠 030/334 14 35
🖥 www.zitadellenschaenke.de
🕐 Dienstag bis Freitag ab 18.00 Uhr
Wochenende sowie Feiertage ab 11.00 Uhr
und nach Vereinbarung
Montag Ruhetag
Inhaber: Niklewski & Ziegler GbR

Veranstaltungs- und Party-Service
☎ 030/321 60 89
📠 030/321 12 73

Museum
☎ 030/354 94 42 00
📠 030/354 94 42 96
🕐 Dienstag bis Freitag 9.00 bis 17.00 Uhr
Sonnabend/Sonntag 10.00 bis 17.00 Uhr
(Änderungen möglich)
Führungen: nach Vereinbarung sowie am Wochenende und an Feiertagen
Mai bis Oktober 13.00, 14.15 und 15.30 Uhr
November, sowie Mitte März bis Ende April
13.30 und 14.45 Uhr

„Erzählungen" aus dem Märchenbuch der Gebrüder Grimm. Der Getränkekeller hält alles bereit, was den Gaumen erfreut, darunter fremd anmutende Brände wie den „Zitadellen-Geist" aus Äpfeln und Birnen, oder den „Bärentrunk", einen süffigen Metwein mit Bärenfang gestärkt und mit Haselnüssen heiß serviert. Alljährlich im September wird beim „Burgfest" der Burghof von einem bunten mittelalterlichen Markttreiben beherrscht, von Mummenschanz und Manneskämpfen, Balladengesängen und Schalmeienklängen.

Natürlich bietet der kulinarische Kalender auch genügend Raum und Gelegenheit für eher zeitgemäßes Schlemmen und Feiern – ob Bankett, Galabüfett oder ein romantisches Essen zu zweit, Spandauer Jagd-, Märkische Herren- oder eine zünftige Kaffeetafel mit Naschereien vom Hofkonditor. Der Tagesgast kommt ebenso auf seine Kosten – etwa im Museumscafé (30 Innen- und 100 Außenplätze) „hinter dem Rücken" von Albrecht dem Bär – wie auch die kleine Runde von Familienangehörigen und Geschäftsfreunden. Getrost kann so jederzeit dem Begrüßungsspruch der „Küchenmeysterey" über der Eingangspforte zur Schänke vertraut werden: „Wohl an, wir sind bereit Sie zu bewirten".

Alter Dorfkrug Lübars

Der Szenenwechsel könnte schneller und verblüffender kaum sein – von der Lärm durchtosten Berliner City nach nur 15 Kilometern in eine Dorfidylle wie aus dem Bilderbuch: der malerische Dorfanger mit der kleinen schlichten, über 200 Jahre alten Kirche, schmucke Häuschen hinter hohen Kastanienbäumen, die kopfsteingepflasterte Dorfstraße mit dem Wartehäuschen für den Bus. Und mittendrin, schräg vis à vis der Kirche, der über 100-jährige Gasthof zum Alten Dorfkrug.

Wir sind in Alt-Lübars – dort, wo die Metropole noch Dorf ist. Im Landschaftsschutzgebiet des Tegeler Fließes gelegen, sanft geborgen hinter Hügeln, in den Mulden eines alten Urstromtales hält die Gegend, was der für Liebe stehende slawische Name »Lubasz« verspricht.

Das 1896 im neoklassizistischen Stil erbaute, mit barocken Schmuckelementen, reich ornamentierten Tür- und Fensterstöcken versehene Gebäude besticht schon durch seine äußere Gestalt, die für ein Kossätendorf wie Alt-Lübars wahrlich nicht alltäglich war. Die Seeger'sche Bauernfamilie war um die Jahrhundertwende durch Grundstücksverkäufe zu einigem Vermögen gelangt und betrieb fortan das Haus als „Gasthof und Ausspannung". Vorher war es Wohnstatt mit bescheidener Schankwirtschaft, die einem Brand zum Opfer fiel. Immerhin kann man von einer fast 300-jährigen, mit dem alten Dorfkrug verbundenen Familientradition sprechen. Mit viel Sinn für die dörflichen Gebräuche und Feste wurde gleich noch ein Saal mit angebaut, der mit seinen Decken- und Wandmalereien zu den schönsten historischen Gasthaussälen im Berliner Raum zählt.

Dorfkirche Lübars und Alter Dorfkrug.

Idyllischer Biergarten hinter dem Haus unter alten Bäumen.

Die beiden Governmenträume (90 Plätze) sind wie eine »gute Stube« eingerichtet: mit holzvertäfelten Wänden, Regalen und Nischen mit Gerätschaften aus der Truhe der Groß- und Urgroßeltern. Ein besonderes Schmuckstück, auf das die Wirtsleute zu Recht stolz sind, ist der originale, üppig in dunklem Holz geschnitzte Tresen, der zu gemütlicher Trinkrunde an kleinen Tischen einlädt. Die hochgelegene Terrasse vorm Haus mit steinerner Säulenbalustrade und Vorplatz (zusammen 80 Plätze) wie auch der Biergarten hinterm Haus (200 Plätze) unter dem Kronendach uralter Linden- und Weidenbäume mit eigenem Spielplatz für Kinder sind bevorzugter Ort an sommerlichen Tagen. Die im Krug gebotenen leiblichen Genüsse sind deftig, ländlich-rustikal: von der hausgemachten Eisbeinsülze mit Bratkartoffeln über Blut- und Leberwurst mit Stampfkartoffeln, geschmorten Zwiebeln und Sauerkraut, süß-saure Rippchen in Honig und Johannisbeermarinade, Kalbsleber, Eisbein bis zur „Lübarser Bauernpfanne", einem ausgesprochenen Renner auf der Speisekarte, der zwei satt macht: knusprige Schweinshaxe, Entenbraten und Würstchen serviert mit Sauerkraut, Kartoffelklößen und Kräuterjus.

Getreu seiner Tradition wird der dem Alt-Lübarser Dorfkrug seinerzeit angebaute Saal mit dem treffenden Namen „LabSaal" seit Jahren als Begegnungs- und Erlebnisstätte genutzt, finden hier Theater- und Tanzveranstaltungen, Jazz-Konzerte und Workshops, Ausstellungen und Revuen statt, treffen sich Vereinsgruppen zum Malen und Zeichnen, zur Gymnastik und Theaterarbeit. Unter der Ägide des Vereins Natur und Kultur e. V., der 1999 das gesamte bauliche Ensemble des Alten Dorfkrugs erwarb, ist so etwas wie eine „GesamtKunstWerkStatt für Leib und Seele" entstanden, die der an Kultureinrichtungen nicht gerade gesegneten Umgebung im Berliner Norden gut tut. Für „kulinarisches Labsal" bei den Veranstaltungen im „LabSaal" sorgt auf Wunsch die Gastwirtsfamilie Kirchner vom Alten Dorfkrug.

Alter Dorfkrug Lübars
Alt-Lübars 8
13469 Berlin (Lübars)
🚗 (A 111, Ausfahrt Tegel über Waidmannslust nach Lübars)
☎ 030/40 20 84 00
📠 030/40 20 84 01
💻 www.alter-dorfkrug.de
✉ alter-dorfkrug.kirchner@t-online.de
🕐 Dienstag bis Sonntag 11.30 bis 23.00 Uhr
(durchgehend warme Küche bis 22.00 Uhr)
Pächter/Betreiber: Familie Kirchner

LabSaal/Informationszentrum
und Kartenreservierung
Tel.: 030/41 10 75 75
Fax: 030/41 10 75 74

Historischer Tresen in der Gaststube.

Alter Fritz

Berlin

Gern ist er in der kleinen Schänke im Tegeler Forst eingekehrt, wenngleich die höfischen Regeln es ihm untersagten. Kronprinz Friedrich löckte oft gegen den väterlichen Stachel des tyrannischen Soldatenkönigs. Auch dann, wenn er unterwegs zu seinem kronprinzlichen Schloss in Rheinsberg während des Pferdewechsels im Neuen Krug eifrig dem Bier zusprach. So hieß damals die wohl älteste, anno 1410 erstmals urkundlich erwähnte Gaststätte Berlins mit Pferdeausspanne. Erst viel später, um 1900, wurde sie zu Ehren des einstigen königlichen „Stammgastes" in Alter Fritz umbenannt. Auch von anderen berühmten Zeitgenossen weiß das Gästebuch zu berichten – den Gebrüdern Humboldt etwa, die im nahe gelegenen Schloss Humboldt zu Hause waren, oder auch dem Frankfurter Geheimen Rat und Dichterfürsten Johann Wolfgang von Goethe, der den Ort in seinem „Faust" verewigt hat, allerdings mit leicht diabolischer Verfremdung: „Das Teufelspack, es fragt nach keiner Regel. Wir sind so klug, und dennoch spukt's in Tegel."

Nun, gespukt hat es hier in der Regel nicht, es sei denn nach allzu reichlichem Biergenuss. Ist doch der „Alte Fritz" seiner 600-jährigen Tradition bis auf den heutigen Tag treu geblieben und eines der wenigen Lokale in Berlin mit eigener Bierbrauerei. Fast alles dreht sich hier um den schäumenden Gerstensaft. Schon beim Eintritt in die Gaststube (140 Plätze) mit ihren verschachtel-

Der Alte Fritz ist die wohl älteste, um 1410 erstmals erwähnte Gaststätte Berlins.

Berlin

Die hier ausgeschenkten Bierspezialitäten werden im Haus selbst gebraut.

ten kleinen geduckten Räumen und gemütlichen Sitznischen, der typisch märkischen dunklen Balkendecke und den originalen, mit friderizianischen Uniformmotiven bemalten Wandlampen „schnuppert" der Gast förmlich den frischen Geruch von Malz, fällt sein Blick auf die kupferblitzende Sudpfanne und den Läuterbottich hinterm Tresen. An die 1 000 Hektoliter jährlich werden im Haus gebraut und auch nur hier ausgeschenkt – als naturbelassenes malzigmildes „Kupfer" oder hopfig-herbes „Messing". Im Sommer kommt Weizenbier, im Winter Bockbier hinzu. Derb-sympathische Trinksprüche an den geweißten Wänden verheißen zum Beispiel „Eleganz durch Disziplin und saumäßigen Durst". Die überall an Decken und Wänden hängenden Hopfengarben verweisen auf die strenge Einhaltung des deutschen Reinheitsgebotes von 1516, beim Bierbrauen nur Hopfen, Wasser und Malz zu verwenden.

Zur hohen Qualität der hausgemachten Biere bietet die Küche saisonale Spezialitäten und eine phantasievolle Auswahl von Biergerichten und „Brauhaus-Mahlzeiten", wie zum Beispiel „Bierkutscher-Steak" oder gebratene „Braumeister Spareribs", frisch aus dem Ofen mit Barbecuesoße und Treberbrot. Ob in der anheimelnden Gaststube, dem malerischen Innenhof-Kaffeegarten mit der Jahrhundertlinde oder dem Kleinen oder Großen Saal für Familien-, Vereins- und Betriebsfeste bis zu 250 Personen – zu jeder Tageszeit und Gelegenheit empfiehlt sich der Alte Fritz als romantischer Ort für erlebnisreiche Stunden. Die paradiesische Umgebung tut dazu ihr übriges: Die ausgedehnten Wälder des Tegeler Forstes und der Tegeler See – nach dem Müggelsee das zweitgrößte Berliner Gewässer – sind Balsam für den gestressten Hauptstädter.

Alter Fritz
Karolinenstraße 12
13507 Berlin-Tegel
☎ 030/433 50 10 und 434 10 97
📠 030/433 82 27
🖥 www.restaurant-alter-fritz.de
🕐 täglich ab 16.00 Uhr
Wochenende ab 11.00 Uhr
Inhaber: Volkmar und Harald Thieme
Geschäftsführerin: Claudia Lehmann

Tattersall – Restaurant Diener

Der Trainer und britische Pferdenarr Richard Tattersall (1724–1795) gründete die erste Reitschule und Pferdebörse mit Wettbüro. Über die Jahrhunderte baute und betrieb die Familiendynastie der Tattersalls Reithallen und Reitschulen in England, ganz Europa und Übersee. In Deutschland gab es Tattersall'sche Reitschulen in mehreren großen Städten – Mannheim, Köln und natürlich Berlin. Hier waren es gleich drei, ausgestattet stets auch mit Gesellschaftsräumen und gastronomischen Einrichtungen. Eine der berühmtesten und auch in architektonischer Hinsicht bemerkenswertesten Reithallen war Tattersall des Westens, erbaut 1893 am heutigen Standort, dem Savignyplatz, und in unmittelbarer Nähe zum Zoologischen Garten. Doppelstöckig und mit schiefer Ebene versehen, konnten die „Reiteleven" hier sogar „vertikal" trainieren, darunter auch Seine Majestät Kaiser Wilhelm II., der hier oft seinem Ross die Sporen gab und sich dabei schon mal an das Auf- und Abschüssige auch einer kaiserlichen „Laufbahn" gewöhnen konnte. Beim „Karneval zu Pferde" und anderen exklusiven Lustbarkeiten amüsierte sich die Berliner Hautevolee.

Von dem einstigen Reit- und Vergnügungsetablissement ließen die Bomben im Zweiten Weltkrieg nur die Gesellschaftsräume mit der Kutscherstube übrig. Das heute noch eindrucksvolle sechsstöckige Backsteingebäude, verziert

Die Gaststätte der Reitschule Tattersall des Westens übernahm nach dem Krieg der ehemalige Boxer Franz Diener.

Tattersall – Restaurant Diener
Grolmanstraße 47
10623 Berlin
☎ / 📠 030/881 53 29
Öffnungszeiten: täglich ab 16.00 Uhr
① Heinz-Werner Kraekamp
Geschäftsführer: Rolf Honold

mit Giebel und Pilastern, bildet einen direkten Verbund mit dem S-Bahn-Bogen, und die Züge fahren an der Hauswand vorbei. Im Tattersall des Westens – wie es in großen Lettern an beiden Hausfassaden prangt – entstand in den Nachkriegsjahren eine der beliebtesten Gaststätten Berlins, ein Prominententreff für Künstler, Schauspieler und Sportler, Sänger und Kabarettisten. Die Wände des urgemütlichen, im Altberliner Stil eingerichteten Lokals (70 Plätze) sind über und über mit handsignierten Fotos seiner einstigen und heutigen Stammgäste bedeckt – von Billy Wilder bis René Kollo, dem Comedian-Harmonist Robert Biberti, der bis zu seinem Tod fast täglich hier einkehrte, und Erwin Bootz, von Kirk Douglas, Rainer Werner Fassbinder und Karel Gott, Ben Becker und Inge Meysel, Nicole Heesters, Günter Pfitzmann bis zu Joe Herbst, dem Mitbegründer der Berliner Stachelschweine. Sie alle und der berühmte Profiboxer Franz Diener, der das gastliche Etablissement in den fünfziger Jahren übernahm, es bis zu seinem Tode betrieb und ihm seinen heutigen Namen gab, machten das Restaurant zu einer Charlottenburger Institution.

Die Küche bietet deftige und altüberlieferte Berliner Hausmannskost – vom Strammen Max über Bulette mit Kartoffelsalat und Spiegelei bis zu Kartoffelpuffern mit Räucherlachs und Sahnemeerrettich. Je nach Saison gibt's eine extra Spargel- oder Matjeskarte, und zu keiner Zeit fehlt die „Molle mit Korn" oder für den Genießer der Rebe sein auserwählter Tropfen. Der gute Ruf des urigen Gasthauses ist mittlerweile weit über den Kreis der namhaften Stammgäste hinaus gedrungen. Berlin-Besucher und Touristen von weither kehren gern in der gastlichen „Reithalle" ein und lassen sich auf urberlinerisch verwöhnen.

The Regent Schlosshotel Berlin

Getreu dem Anspruch der weltweiten Regent-Hotel-Kette, die Häuser von Bangkok bis Sidney, Kuala Lumpur, Singapur oder Los Angeles unterhält, bietet das Haus im Grunewald „Luxus für alle Sinne", ist es Kunst- und Gourmet-Tempel in einem. Kein Geringerer als der Modedesigner Karl Lagerfeld hat bei der Restaurierung und künstlerischen Ausgestaltung des denkmalgeschützten Anwesens in den neunziger Jahren Regie geführt.

Das alte Adelspalais, kurz vor dem Ersten Weltkrieg erbaut, diente Walter Sigismund Emil Adolf von Pannwitz, Rechtsanwalt und passionierter Kunstsammler, mit seiner Familie als Wohnsitz. Zu jener Zeit, an der Wende vom 19. zum 20. Jahrhundert, schossen im Grunewald prächtige Wohnpaläste wie Pilze aus dem Boden. Eine ganze Villenkolonie entstand – versunken in üppigem Grün, umgeben von Wäldern und Seen, dabei unweit vom Zentrum der sich mit Reichseinigung und Industrialisierung stürmisch entwickelnden Metropole Berlin. Hierher zogen sie – die Gutbetuchten, Generaldirektoren und Bankiers, namhafte Künstler und Gelehrte, Dichter und Aktricen, Verleger und Großkaufleute. Hier wohnten die Wertheims, Rathenaus und Ullsteins, Max Reinhardt und Lion Feuchtwanger, die Schauspielerin Isadora Duncan, der Theaterkritiker Alfred Kerr oder der deutsche Schnapskönig Robert Wiesenack.

Und eben auch jener Adelssproß, der dem Pannwitz-Palais seinen Namen gab und es weithin bekannt machte. Lange konnte sich die Familie allerdings des fürstlichen Domizils nicht erfreuen. Im Jahre 1919 folgte sie ihrem abgedankten Kaiser Wilhelm II., der ständiger Gast im Pannwitz-Palais war, ins holländische Exil. Leerstand und Verfall nagten an dem Gebäude, das 1941 bis

Die Lobby.

Karl Lagerfeld führte bei der Restaurierung des denkmalgeschützten Anwesens Regie.

1945 Sitz der kroatischen Gesandtschaft und nach 1945 Offiziersclub der britischen Besatzungsmacht war. Als Schlosshotel Gerhus mauserte es sich dann in den fünfziger Jahren bald zu einer der ersten gastlichen Adressen in Berlin. Adenauer dinierte, wo einst der Kaiser einkehrte. Politiker, Künstler und Neureiche, die ganze Nachkriegsschickeria traf sich hier. Berühmten Kinostreifen diente das Haus als Kulisse, so dem Film „Die Spaziergängerin von Sanssouci" mit Michel Piccoli und Romy Schneider, deren Verbundenheit mit dem Haus sogar so weit ging, dass sie hier gleich zweimal heiratete.

Kaisersuite.

Im Besitz von mehreren Berliner Familien aufwendig um- und ausgebaut, ist das Hotel heute wieder bevorzugter Ort für besondere Festlichkeiten, Jubiläen und Hochzeiten, Gourmet-Essen und Nachmittagstreffs. Gar keinen Hehl macht es aus seinem Anspruch auf Luxus, der umso berechtigter ist, als er im sensibel bewahrten historischen Ambiente und künstlerischen Gewand daher kommt – abhold jedem modernistischen Protz. Jeder Winkel der gänzlich unterschiedlich eingerichteten 54 Gästezimmer und Suiten verrät erlesenen Geschmack und Respekt vor der Tradition – am edelsten die Kaisersuite mit Bibliothek, handgemalter Decke und einem Gemälde von Bismarck, der einer der Förderer der Grunewalder Villenkolonie war, oder die Lagerfeld-Suite, die dieser statt eines Honorars auf Lebzeiten nutzen kann.

Bankett- und Tagungsräume geben den stilvollen Rahmen für Festlichkeiten und kreativen Gedankenaustausch, gleichwohl sind sie auch, wie das Musik-, das Kamin- oder das Spiegelzimmer, bevorzugter Orte für Soireen, Palaiskonzerte und Kamingespräche, Galadiners oder literarisch-musikalische Plaudereien. Für körperliches Wohlbefinden der Gäste sorgen Schwimmbad mit direktem Zugang zum Schlossgarten, Whirlpool, Saunen und Solarium, Fitnessraum, Kosmetikstudio und Physiotherapie-Praxis.

Kaminbar
Le Tire Bouchon.

Die Hotelhalle, einem florentinischen Palazzo nachgebaut, bildet mit ihrer reich verzierten Kassettendecke, den oberen Ballustraden, vielflammigen Kronleuchtern und dem Wahrzeichen des Hauses, der historischen Löwentreppe, ein vielverheißendes Entreé für die anderen Galerien (insgesamt 150 Plätze): das Gourmet-Restaurant Vivaldi, das Wintergartenrestaurant Le Jardin, in dem man auch bei weniger gutem Wetter gleichsam mitten im Park dinieren kann, oder die Kaminbar Le Tire Bouchon.

Küche und Keller sind, wie das ganze Haus, außergewöhnlich und gehoben – ob bei internationalen oder bei heimischen Menüs – und dabei ganz und gar individuell. Zahlreiche Gerichte verraten französische Kochkunst, der heimische Spezialitäten wie etwa die Brandenburger Bauernente in nichts nachstehen. Vor oder auch nach üppigem Mahl genießen viele Besucher Ruhe und Naturversunkenheit im Schlosspark mit seinem uralten Baumbestand an Kiefern, Eichen und Buchen. Wer dagegen die nahegelegenen Sehenswürdigkeiten der Metropole erleben möchte, kann dies ebenfalls ganz exclusiv tun: in der hoteleigenen Luxus-Limousine.

The Regent Schlosshotel Berlin
Brahmsstraße 10
14193 Berlin
🚗 (von Berlin auf die Avus, Abfahrt Hüttenweg nach Grunewald)
☎ 030/895 84-0
📠 030/895 84-800
💻 www.regenthotels.com
✉ schlosshotelberlin@regenthotels.com
🕐 Hotel durchgehend
Gourmet-Restaurant Vivaldi
Dienstag bis Sonnabend 18.00 bis 22.00 Uhr
Sonntag und Montag Ruhetag
Restaurant Le Jardin
täglich ab 6.30 Uhr
Kaminbar Le Tire Bouchon
ab 10.00 Uhr
Inhaber: Dr. Ebertz & Partner
Hoteldirektor: Wolfgang F. A. Nitschke

Forsthaus Paulsborn

Aus der Luft betrachtet wirkt das Forsthaus Paulsborn wie ein Zwilling des benachbarten Jagdschlosses Grunewald. Selbst eher einem Schlösschen ähnlich, reich gegliedert mit Türmchen, Giebeln und Erkern, versinkt es fast im üppigen Grün der Waldbäume. Tatsächlich bilden beide Häuser eine Art Schicksalsgemeinschaft bis hin zur Namensgebung. Paulsborn war über lange Zeit so etwas wie eine jagdliche Dependance des Schlosses mit gastlichem Zuschnitt. Um 1800 erwarb der preußische General Freiherr von Born das Anwesen, verkaufte es aber wenige Jahre später an den Jagdzeugwärter Johann Paul vom Jagdschloss. So entstand aus der Verknüpfung beider Namen „Paulsborn" – und zugleich ein Wirtshaus für den Durchgangsverkehr nach Teltow und Potsdam. Als der Grunewaldforst mit dem ausgehenden 19. Jahrhundert als „grüne Lunge Berlins" immer mehr Touristen und Naturfreunde anzog, wurde auch Paulsborn zur gefragten Einkehrstätte. In dieser Zeit erhielt es durch Aus- und Umbau seine jetzige Gestalt. Und auch heute noch bilden Forsthaus und Schloss „ein Paar", pilgern Hotel- und Tagesgäste zur benachbarten königlichen Residenz, die Kurfürst Joachim II. Hektor 1542 errichten ließ. Sie beherbergt ein sehenswertes Jagdzeugmagazin und eine Waldlehrschau sowie eine Gemäldesammlung deutscher und niederländischer Meister, darunter Werke von Lucas Cranach d. Ä. und Jacob Jordaens.

Im Stil einer Burgkemenate eingerichtetes Kaminzimmer.

Das Hotel im Forsthaus bietet in 10 Gästezimmern modernen Luxus im behaglichen Landhaus-Ambiente. Die historischen Räumlichkeiten geben den stilvollen Rahmen für genussvolle und erlebnisreiche Stunden: das Restaurant (80 Plätze) unter prächtigem Kreuzgewölbe und mit farbigen bleiverglasten hohen Spitzbogenfenstern, das Kaminzimmer (25 Plätze) im Stil einer Burgkemenate, die rustikale Tiroler Stube (15 Plätze) oder der in grün-weißer Stofftapete gehaltene Terrassensaal (60 Plätze) mit vornehmen alten Stilmöbeln und Kronleuchtern, der sich zur hohen Freiterrasse (50 Plätze) mit Blick auf den Grunewald öffnet. Im Förstergarten (250 Plätze) am Haus muss der Gast an warmen Tagen schon mal eine Weile nach einem Plätzchen oder gemütlichen Eckchen suchen. Stets jedoch weiß sich der Gast in Paulsborn in doppelter Hut – der seiner Gastgeber wie der des Schutzpatrons der Jagd Hubertus. Dieser ist allgegenwärtig hier: in den vielen Jagdtrophäen von Hirsch und Eber oder den Lampen aus verschlungenem Geweih. Er bestimmt auch den Speisezettel, der in punkto Wildbret in ganz Berlin und Umgebung wohl seinesgleichen sucht. Geliefert wird nach Bedarf von Jägern aus der Uckermark, nichts lagert auf Vorrat.

So ist das Haus seit langem für die Vielzahl seiner Wild- wie auch Fischgerichte bekannt: ob Hirschrückensteak, geschmorte Reh- oder Wildschweinkeule, Medaillons vom Damwildrücken, Wildschweinschinken aus dem Rauch oder Wildgulasch, Steinbuttfilet, Havelzander oder Seezungenschleifen. Dazu wird verarbeitet, was der Forst an saisonalen Produkten bietet. Erlesene Weine geben jedem Menü die passende Note.

Restaurant unter prächtigem Kreuzgewölbe.

Forsthaus Paulsborn
Hüttenweg 90 / Am Grunewaldsee
14193 Berlin
☎ 030/81 81 91-0
✉ 030/81 81 91-50
🖳 www.forsthaus-paulsborn.de
✉ paulsborn@t-online.de
🕐 Hotel durchgehend
Restauration
April bis September 11.00 bis 23.00 Uhr
Oktober bis März 11.00 bis 18.00 Uhr
Montag Ruhetag
Inhaber: Peter Heide

Prater Garten

Eine Kopie vom Wiener Prater war er nie und wollte er wohl auch nicht sein: da fehlten das Riesenrad und die Trabrennbahn, die Donauauen und der Wein. Im Berliner Prater begann alles 1837 mit einem Bierausschank. Ihm folgte bald zur Mitte des 19. Jahrhunderts der Aufstieg zur beliebtesten Berliner Freizeit- und Vergnügungsstätte unter der Regie der theater- und musiksinnigen Unternehmerfamilie Kalbo. Zum großen Biergarten unter hohen Kastanien- und Lindenbäumen gesellten sich bald Restaurant, Ballsaal und Bühne. Hier dirigierte Paul Lincke sein großes Orchester und der Prater hallte wieder von seiner „Berliner Luft" mit ihrem „süßen Duft". Soubretten und Chansonetten traten auf, es gab Singspiele und Possen, Pantomime und Marionettentheater. Auch als Versammlungsort machte der Prater bald von sich reden – angefangen vom Stiftungsfest des „Allgemeinen Deutschen Arbeitervereins" mit Ferdinand Lassalle bis zu den jährlichen Maifeierlichkeiten. In Scharen zog es die Hauptstädter all die Jahre und Jahrzehnte zum Prater, der in seiner Mischung aus Kneipe, Garten- und Ausflugslokal, Varieté und Volkstheater, Ball- und Tanzsaal wie auch Versammlungsort einzigartig war. Im Krieg von Zerstörungen glücklicherweise verschont, gab er zunächst der Volksbühne ein Domizil, war dann lange Zeit Kreiskulturhaus mit populären Veranstaltungen, wie der „Sonntagsmelodie", mit Volkskunstzirkeln und Tanztees.

Nach der Wende und anfänglichen „Irrungen und Wirrungen" dann die Wiedergeburt als kultivierte Einkehrstätte im Herzen Berlins, sensibel und

Gaststätte im Prater.

Berlin

Biergarten.

Prater Garten
Kastanienallee 7–9
10435 Berlin
☎ / 📠 030/448 56 88
🖥 www.pratergarten.de
🕐 Biergarten
April bis September bei schönem Wetter
Montag bis Freitag ab 16.00 Uhr
Wochenende ab 12.00 Uhr
Prater Gaststätte täglich ab 18.00 Uhr
Hecht Club
Mittwoch bis Sonnabend ab 21.00 Uhr
Inhaber Restauration: Thomas Rothe

kostenaufwendig restauriert, renoviert und ausgebaut in Regie des engagierten Urberliner Gastronomen Thomas Rothe. Zu Pfingsten 1996 wurde der traditionsreiche Pratergarten (600 Plätze) mit einem großen Fest gastronomisch „geweiht". Wenige Monate später gingen im Praterrestaurant (170 Innen- und 150 Terrassenplätze) die Lichter an, in einem in den Park geschmiegten, langgestreckten ganz mit Holz verkleideten Gebäude. Gemütliche Sitzgruppen laden zum Verweilen ein. Ein kleines bauliches und gastliches Unikum gehört auch noch dazu: der zur Jahrtausendwende eröffnete Hecht Club. Eingerichtet in den ehemaligen Umkleideräumen der – wie alles hier – denkmalgeschützten Freilichtbühne, ist die eher modern gestylte Cocktailbar (50 Plätze) durch eine innere Treppe mit der Balkon-Terrasse (25 Plätze) verbunden.

Der Berliner Prater – heute stolz auf seine 160-jährige Tradition – hat sein Gesicht merklich gewandelt. Er ist weniger Volksbelustigungsbühne, als viel mehr begehrterer Ort für die Kiezbewohner und ihre Gäste. Sie genießen hier hausgemachte Berliner Küche und Spezialitäten der Saison, vom Pfifferling bis zum Spargel oder einen deftigen Kasslerbraten mit Malzbiersoße, Sauerkraut und Quetschkartoffeln und dazu ein Prater Pils. Der Pratergarten ist abendlicher Treff von Künstlern und Kulturschaffenden, Studenten, Intellektuellen und Geschäftsleuten und spiegelt insofern auch ein wenig die Wandlungen im Bewohnerprofil des Prenzlauer Berges der letzten Jahre wider. Hier heißt es eben manchmal schon: sehen und gesehen werden und der Prater ist vielleicht auch ein wenig Jahrmarkt der Eitelkeiten. Doch warum nicht? Andere Zeiten – andere Ansprüche.

Marzahner Krug

Berlin

Wie eine denkmalgeschützte Diaspora wirkt das Dorf Alt-Marzahn inmitten der riesigen, seit 1970 aus dem Boden gestampften Trabantenstadt: niedrige Häuser, kleine Läden, die Dorfkirche und natürlich davor der Dorfkrug, der Dorfanger und eine nachgebaute Bockwindmühle, in der heute wieder Mehl gemahlen und Brot gebacken wird. Das Bilderbuch-Ensemble war zu DDR-Zeiten ein Vorzeigeobjekt. Es unterbricht wohltuend die Hochhaus-Tristesse, und die Marzahner und ihre Gäste haben ihre Freude daran.

Auch und ganz besonders am weithin bekannten Marzahner Dorfkrug, der 1994 nach umfangreichen Rekonstruktionsarbeiten als attraktives Landgasthaus im urwüchsig-bäuerlichen Stil wieder eröffnet wurde. Das Gebäude und einstige Bauerngehöft stammt aus dem 18. Jahrhundert. Damals war hier an der Peripherie von Berlin noch die Landwirtschaft mit Viehkoppeln und Ackerbau zu Hause. Eine Schankwirtschaft am hiesigen Standort lässt sich sogar bis ins 14. Jahrhundert zurückverfolgen.

Die Erinnerung an eine längst versunkene bäuerliche Welt wird in jedem Winkel der vier Galeriemasste (insgesamt 240 Plätze) wachgehalten. In der Jägerstube mit großem Kamin kann der Besucher am 100-jährigen Pferdeschlitten Platz nehmen und „Aug in Aug" dem Hirsch oder Eber gegenübersitzen. Ganz und gar originell und original gestaltet: der Pferdestall – mit wuchtigen, bis zu 200 Jahre alten handbehauenen Balken, mit Pferdekutsche für die Familien- oder Stammtischrunde, riesigen Wagenrädern als Lampen, mit Schubkarren,

Bockwindmühle und
Eingang zum Hofcafé.

Marzahner Krug
direkt am Dorfanger
von Alt-Marzahn.

Berlin

Die rustikal eingerichteten Galsträume: Jägerstube (oben) und Pferdestall.

Marzahner Krug
Alt-Marzahn 49
12685 Berlin
☎ 030/540 05 60
📠 030/54 00 56 38
🕐 täglich ab 11.30 Uhr
Inhaber: Frank Neumann

Eggen und Pflügen an der Decke. Er ist Ort für größere Feierlichkeiten, Ernte-, Bockbier und Schlachtefeste und natürlich den Tanz für Jung und Alt. Bei schönem Wetter lässt auch das Gartenrestaurant (100 Plätze) unter hohen alten Lindenbäumen die Großstadt schnell vergessen.

„Schlemmen wie zu Omas Zeiten" verheißt die Speisekarte und hält, was sie verspricht: mit deutscher Landhausküche und herzhafter Hausmannskost wie auch mit internationalen Spezialitäten, darunter so mancher Speise aus dem Tiroler Alpenraum – einer Vorliebe des Wirts geschuldet. Da gibt es sie noch – die Qual der Wahl unter 170 Gerichten aus „Geflügelten Köstlichkeiten" oder „Kartoffelspezialitäten", „Schmackhaften Schweinereien", „Rindviechereien", Gerichten vom Wild und Fisch oder den süßen selbstgemachten Verführungen, Eisspezialitäten, warmen Apfelstrudeln oder Palatschinken.

„Eine Fahrt nach Marzahn ohne im Krug gewesen zu sein, ist wie 'ne Molle ohne Korn" – so Inhaber Frank Neumann in Anspielung auf die alte Berliner Trinkpraxis. Doch solch gutgemeinten Werbespruchs bedarf es eigentlich kaum noch. Der Gast kann sich glücklich schätzen, wenn er hier gerade an den Wochenenden einen guten Platz findet. Telefonische Bestellungen sind also angebracht.

Der Marzahner Krug inmitten einer moderner Großstadt ist eine vielversprechende Adresse für alle, die das Dorf vor der Haustür und ländliche Idylle um die Ecke suchen. Was sie finden, lohnt die Wiederkehr allemal. Auch bei Entdeckungen im alten Dorf Marzahn, das im Jahr 2000 sein 700-jähriges Jubiläum feiern konnte. Über seine Geschichte und landwirtschaftliche Entwicklung kann man sich im Bezirksmuseum Marzahn-Hellersdorf informieren, das seit 1999 in der alten Schule am Dorfanger untergebracht ist.

Wirtshaus Moorlake

Berlin

Nicht immer waren Preußen und Bayern gut aufeinander zu sprechen. Dynastische Interessen liefen sich zuwider, religiöse Widersprüche – Protestanten hie, Katholiken da – taten sich auf, und es kam sogar zu kriegerischen Verwicklungen, so im Bayrischen Erbfolgekrieg 1778/79 oder in der Schlacht bei Königgrätz, da Bayern an der Seite Österreichs gegen Preußen kämpfte und verlor.

Umso freundlicher und sympathischer wirken heute Wegzeichen preußisch-bayrischen Miteinanders, Kleinode bajuwarischer Alpenarchitektur, wie sie im Laufe der Jahrhunderte gleichsam in den märkischen Sand gesetzt wurden. Meist geschah das zu Zeiten eines „honeymoons" zwischen Abkömmlingen beider Königshäuser. Auf diese Weise sind so bekannte historische Stätten entstanden wie das „Bayrische Haus" im Wildpark bei Potsdam, heute ein Fünf-Sterne-Hotel, oder das hier vorgestellte altehrwürdige Haus an der Moorlake.

Letzteres wurde im Jahre 1842 von keinem Geringeren erbaut als dem Schinkelschüler Ludwig Persius, nach dessen Plänen auch am jenseitigen Havelufer von Moorlake die grazile Sacrower Heilandskirche errichtet wurde. Nach der Heirat von König Friedrich Wilhelm IV. (1795–1861) mit einer bayrischen Prinzessin ließ dieser das idyllische Domizil im oberbayrischen Stil für seine Angebetete erbauen als liebenswerte Reminiszenz an deren alpenländische Heimat. Ganz uneigennützig indes war das nicht, denn die Hohenzollern nutzten das inmitten dichter Forsten gelegene und in die Havelbucht geschmiegte Gebäude auch als Unterkunft bei ihren jagdlichen Ausflügen und Parforceritten. Gegen Ende des 19. Jahrhunderts Poststation zwischen Berlin und Pots-

Vom Schinkelschüler Ludwig Persius erbautes Wirtshaus.

Biergarten mit Blick auf die Havel.

Berlin-Wannsee

Berlin

Die Jägerstube mit 40 Sitzplätzen.

Der Festsaal steht größeren Gesellschaften zur Verfügung.

Wirtshaus Moorlake
Moorlakeweg 6
14109 Berlin
(über die Berliner Avus bis Wannsee, dann die Königstraße bis zum Nikolskoer Weg, rechts einbiegen zum Wirtshaus)
☎ 030/805 58 09
030/805 25 88
www.moorlake.de
Oktober bis März täglich 11.00 bis 18.00 Uhr
April bis September täglich 11.00 bis 22.00 Uhr
Inhaber: Fritz und Matthias Roeder

dam, wurde Moorlake 1896 schließlich vom Staat als Gastwirtschaft verpachtet. Tanzsaal und Wirtschaftsgebäude kamen hinzu. Seitdem genießt es – Preußen und Bayern sei dank – einen weithin guten Ruf als Stätte der Gastlichkeit.

Das Moor gibt es heute nicht mehr; Hochwald und See hingegen umschließen wie in alten Zeiten schützend das Anwesen mit dem von einem kapitalen Hirschgeweih gekrönten Bayernhaus. In den stilvollen Gasträumen fühlt sich der Besucher sogleich wohl: ob im Kaminzimmer (40 Plätze) oder der rustikalen Kutscherstube (35 Plätze), in der Jägerstube (40 Plätze) oder im Festsaal (150 Plätze). Im Hofgarten (150 Plätze) direkt am Wasser unter hohen Bäumen kann der Gast an schönen Tagen im Freien speisen.

Bekannt ist Moorlake für seine heimischen Erzeugnissen verpflichtete Küche mit regionalen Spezialitäten. Unverzichtbar dabei der Havelzander, dessen Filet gebraten, mit gekochten Schinken- und Apfelstreifen garniert und mit Petersilienkartoffeln und Salaten gereicht wird. Freunde deftiger Speisen kommen bei solchen Hausmachergerichten wie dem „Bollenfleisch", einer Altberliner Spezialität aus der Lammkeule, mit Zwiebel-Kümmel-Soße, Püreekartoffeln und Spreewälder Senfgurken oder bei der „Lausitzer Schusterpfanne" aus Pökelfleisch, Sauerkraut und Bratkartoffeln, in der Steingutpfanne überbacken, auf ihre Kosten. Die hauseigene Bäckerei sorgt täglich für ofenfrische Backwaren, Kuchen, Torten und Apfelstrudel.

Zum leiblichen und Naturgenuss gesellt sich in Moorlake ein künstlerisches Erlebnis, das viele Besucher anzieht. „Lesungen & mehr" heißt die Veranstaltungsreihe mit bekannten Schauspielern. Günter Pfitzmann oder Hannelore Hoger, Walter Giller, Otto Sander oder Günter Lamprecht nehmen dann Platz am Kamin und lesen, begleitet von einem opulenten Drei-Gänge-Menü, aus ihren Lieblingsbüchern.

Blockhaus Nikolskoe

Berlin

Das russische Blockhaus Nikolskoe – nach einer Brandstiftung 1984 originalgetreu wieder aufgebaut – ist weithin bekannt und berühmt für seine Geschichte und hierzulande exotisch anmutende Gestalt. Das Haus war ein Geschenk des Preußenkönigs Friedrich Wilhelm III. (1770–1840) an seine älteste Tochter Prinzessin Charlotte, die den russischen Großfürsten und späteren Zaren Nikolaus I. heiratete. Daher „Nikolskoe", was so viel heißt wie „Nikolaus eigen". Sie sollte auch bei ihren Besuchen in der Heimat ein russisches Ambiente nicht entbehren. So entstand 1819 in nur sechs Wochen Bauzeit ein Blockhaus wie aus einem russischen Märchenbuch mit kunstvoll geschnitzten Giebeln, Fenstern und Balkonen, mit Wänden und Decken aus dunklen klobigen Holzbohlen und einem in rustikaler Manier gezimmerten Mobiliar.

Wohlige Geborgenheit umfängt den Gast, historische Stiche an den Wänden machen Geschichte lebendig und der mächtige Kachelofen mit Ofenbank hält die Erinnerung an russische Bauernhäuser wach. Gemeinsam mit dem gegenüberliegenden Saalgebäude – durchzogen von einem gewaltigen originalen Deckenbalkenwerk aus dem Gründungsjahr 1819 – bietet das Anwesen in seinen Gasträumen auf zwei Etagen über 250 Besuchern Platz. Von der weiträumigen Gartenterrasse (300 Plätze) öffnet sich ein phantastischer Blick auf das Blockhaus, auf dichten Laubwald sowie auf das malerisch gewundene Ufer der Havel und den Wannsee. Nur wenige Meter vom Blockhaus entfernt schimmern die vergoldeten Zwiebeltürme der 1834 erbauten St. Peter-und-Paul-Kirche herüber.

Blick von der Terrasse des Blockhauses auf die Pfaueninsel.

Berlin-Wannsee

Alles hier hat eben Stil und Tradition – auch die Gastlichkeit. Denn verwaltet hat das Blockhaus in Abwesenheit der Majestäten sinnigerweise Iwan, der Leibkutscher und Vertraute des Preußenkönigs. Mit gut Speis' und Trank für Gäste – oft kamen sie von der russischen Siedlung Alexandrowka aus Potsdam herbei – schuf er sich bald einen kleinen lukrativen Nebenerwerb. Und heute wie damals genießen sie eine rustikale, bodenständige, deftige Küche. Vorgefertigtes ist verpönt, alles wird frisch zubereitet, und sogar die Soßen werden noch selbst gemacht. Und so munden die Speisen denn auch wie das sprichwörtliche Leibgericht bei Muttern: ob Wild oder Fisch, saisonale Spezialitäten wie Spargel oder Waldpilze, das Berliner Eisbein mit hausbereitetem Weinsauerkraut, Erbspüree, Speck und Zwiebeln oder die ofenfrische Schweinshaxe mit Apfelrotkohl und Klößen. Und an den „russischen Abenden" hätte Leibkutscher Iwan ganz gewiss auch heute noch seine helle Freude. Genussvoll geht es da zu, wenn Kellner in russischer Kleidung und bei stimmungsvollen Folkloreklängen echte russische Küche auf den Tisch zaubern mit Borschtsch und Husarensteak, Wodka und Krimsekt.

Geschichte und Natur, wohin der Betrachter schaut: Die nahe liegende Pfaueninsel zum Beispiel, die seit 1924 unter Naturschutz steht. Vom Haus aus hat sie der Gast, vis-à-vis überm Wasser gelegen, direkt im Blick. Preußenkönig Friedrich Wilhelm II. (1744–1797) erwarb das idyllische grüne Eiland mit verwunschenem weißen Schlösschen 1793 als Liebesnest für seine Mätresse. In der ersten Hälfte des 19. Jahrhunderts verwandelte dann der preußische Gartenkünstler Lenné die Insel in einen einzigartigen Landschaftspark mit einer Menagerie von vielen Hundert verschiedenartigen Tieren. Heute sind davon allerdings nur noch die Pfauen übrig geblieben, die den Besucher mit einem farbenprächtigen „Radschlag" begrüßen.

St. Peter-und-Paul-Kirche (oben) und Restaurant im Stil einer russischen Bauernstube.

Blockhaus Nikolskoe
Nikolskoer Weg 15
14109 Berlin-Wannsee
🚗 (über die Berliner Avus bis Wannsee, dann die Königstraße bis zum Nikolskoer Weg, rechts einbiegen zum Blockhaus)
☎ 030/805 29 14
📠 030/805 20 29
✉ blockhaus-nikolskoe@gmx.de
🕐 Oktober bis März 10.00 bis 19.00 Uhr
April–September 10.00 bis 22.00 Uhr
Donnerstag Ruhetag
Inhaber: Bernd Bossier

Restaurant Schloss Glienicke/Remise

Berlin

Glienicke hat zwei weltbekannte Gesichter – ein altehrwürdiges mit Schloss und Garten sowie eines aus jüngerer Zeit mit den Narben deutscher Teilung: die Glienicker Brücke. Das legendäre Bauwerk, das über eine Havelenge Berlin mit der brandenburgischen Landeshauptstadt verbindet, war jahrzehntelang Ort für spektakuläre Austauschaktionen von hochrangigen Spionen und politischen Häftlingen zwischen Ost und West. Heute gewährt die Brücke Besuchern aus aller Welt ungehinderten Blick und Zugang zu Potsdams Schlösser- und Gartenlandschaft.

Als Gesamtkunstwerk von Architektur und Gartenlandschaft im klassizistisch-romantischen Stil zeigt sich Schloss Glienicke seinen Besuchern. Die Anlage wird von der Handschrift so berühmter Architekten und Gartenbaukünstler wie Karl Friedrich Schinkel und Joseph Peter Lenné, Ludwig Persius und Ferdinand von Arnim geprägt. Im Auftrag von Prinz Carl, einem Sohn des Preußenkönigs Friedrich Wilhelm III., verwandelten sie nach 1824 das Anwesen in ein verträumtes Arkadien. Verschlungene Wege, künstliche Wasserfälle und Schluchten, Brunnen, Parkseen und Brücken, kleine Tempel und Orangerien, Klosterhof und Casino mit weinlaubumrankten Pergolen sollten für den italiensüchtigen Prinzen südländisches Flair an die Havel holen. Auch das Schloss selbst wurde von Schinkel im klassizistischen italienischen Landhausstil errichtet. Das Gebäude beherbergt die Gemächer von Prinz Carl und seiner Gemahlin – als Museum zu besichtigen – sowie wechselnde Ausstellungen zur preußischen Geschichte.

Schlosspark Glienicke mit Löwenfontäne; unter dichtem Laub die Remise.

Berlin

Die stilvollen Galsträume mit Wintergarten (links) und Schlossrestaurant.

Wintergarten.

Restaurant Schloss Glienicke/Remise
Königstraße 36
14109 Berlin
🚗 (über die Berliner Avus bis Wannsee, dann die Königstraße bis zum Schlosseingang kurz vor der Glienicker Brücke)
☎ 030/805 40 00
📠 030/805 99 01
🖥 www.schloss-glienicke.de
🕐 Mittwoch bis Sonntag ab 12.00 Uhr
Veranstaltungen nach Vereinbarung
Pächter: Franz Raneburger

In der ehemaligen Remise ist nun das Schlossrestaurant untergebracht. Das gastliche Domizil hat viele Facetten, ist Gourmet-Oase ebenso wie Ausflugslokal für Familien mit Kind und Kegel. Im Verbund mit dem alten Casino, in dem früher die adligen Herren Billard oder Karten spielten, dient es als romantische Kulisse für Bankette und Staatsempfänge. Alles in allem bieten die Räumlichkeiten der Remise den „fürstlichen" Rahmen für jeden Anlass – mit Schlossrestaurant und Wintergarten (160 Plätze), Sonnenterrasse und Innenhof (150 Plätze).

Die Schlossküche hat sich mit ihren täglich wechselnden Angeboten aus hochwertigen Frischprodukten des Umlands einen guten Namen gemacht. Der Spagat zwischen Veranstaltungsgastronomie mit Menüs der feinen, erlesenen Art und schmackhaften Gerichten für den Tagesgast und Ausflügler ist oft nicht einfach, gelingt aber in aller Regel ganz vortrefflich. Heimische Köstlichkeiten, variiert und veredelt wie etwa die Bauernente mit Spitzkohl und Kartoffelklößen oder der Frischlingsrücken in Nusskruste mit Waldpilzen und Salzkartoffeln, stehen ebenso auf der Speisekarte wie besondere Leckerbissen, zum Beispiel gefüllte Wachtel auf Rahmwirsing mit Berglinsen oder – wer wollte es dem gebürtigen Tiroler Meisterkoch Franz Raneburger verdenken – eine leckere Tafelspitz-Sülze mit Kren. Zur Offerte des erfahrenen Sommeliers zählt die hochpreisliche Rebe aus renommierten internationalen Anbaugebieten genauso wie das Spitzengewächs aus eigenen Landen oder der spritzige, erfrischende Landwein. Die hauseigene Konditorei bietet täglich ofenfrischen Kuchen und Backwaren.

Schloss und Park Glienicke – ein Ort des Erlebens und Genießens in Eintracht mit der Natur und den schönen Künsten, mit Architektur, Gartenbau und Musik, deren Klänge bei den regelmäßigen Schlosskonzerten viele hundert Besucher in ihren Bann ziehen. Eine historische Stätte zugleich, die im wahrsten Sinne des Wortes Brücken vom Gestern zum Heute schlägt.

Brandenburg

Mit 29 500 Quadratkilometern ist Brandenburg flächengrößtes neues Bundesland. Umgeben ist es im Westen und Südwesten von Sachsen-Anhalt, im Nordwesten von Niedersachsen, im Norden von Mecklenburg-Vorpommern und im Süden von Sachsen. Im Osten grenzt es mit Neiße und Oder an Polen. Insgesamt leben in Brandenburg rund 2,6 Millionen Einwohner. Seine zentrale Lage, die seenartig erweiterten Flüsse Havel und Spree, Rhin, Dahme und Elbe mit ihren Kanälen haben es von jeher zu einem bedeutenden Verkehrsknotenpunkt und zu einem Brückenland nach Osten gemacht. Zu seinen größten Städte gehören Potsdam als Landeshauptstadt (130 000 Einwohner), Cottbus (106 000 Einwohner), Brandenburg/Havel (76 000 Einwohner) und Frankfurt/Oder (70 000 Einwohner).

Dem Besucher tut sich eine Bilderbuchlandschaft auf mit über 3 000 Seen und schier unübersehbaren tiefen dunklen Wäldern, die allein ein Drittel des Landes bedecken, mit stillen Buchten, Mooren und Heidegebieten, hügeligen Bergrücken, ja sogar mit „Minialpen" wie der „Märkischen Schweiz" oder der „Ruppiner Schweiz". Weltweit bekannt ist der Spreewald! Sein Labyrinth von 350 verästelten Fließgewässern mit über 1 500 Kilometern Länge ist als Niederungslandschaft einzigartig in ganz Mitteleuropa. Gemeinsam mit „Schorfheide-Chorin" und der „Flusslandschaft Elbe-Brandenburg" gehört er zu den drei UNESCO-geschützten Biosphärenreservaten Brandenburgs. Mit dem Nationalpark „Unteres Odertal" und den elf Naturparks – von der Märkischen Schweiz und den Uckermärker Seen über das Schlaubetal, den Barnim bis zum Hohen Fläming – nehmen Großschutzgebiete rund ein Drittel der Landesfläche Brandenburgs ein. Sie bezaubern durch vielfach unberührte Natur, ihren Wild- und Fischreichtum, eine üppige und vielerorts selten gewordene Flora und Fauna mit Storch und Kranich, Biber, Fischotter und Eisvogel, Großtrappe und Milan.

Durch die Arbeit ihrer Bewohner – von Deutschen und Slawen – wurde die Mark im Lauf der Jahrhunderte zu einer einzigartigen Kulturlandschaft gestaltet. Dabei haben sich die Sorben, die bereits im 6. Jahrhundert in Brandenburger Gebiet einwanderten, als einzige nationale Minderheit in Deutschland und allen Widrigkeiten zum Trotz ihre sprachliche und kulturelle Eigenständigkeit bewahrt. Noch heute wird in der Niederlausitz, im Spreewald und in der sächsischen Oberlausitz sorbisches Brauchtum gepflegt und kultiviert. Auch Angehörige anderer Völker – Franzosen, Holländer und Russen – und Glaubensrichtungen – Hugenotten, Calvinisten und Juden – haben mit ihren Leistungen zum Aufblühen Brandenburgs beigetragen. Berühmte Namen stehen für unvergängliche Beiträge Brandenburgs zum Weltkulturerbe: aus Neuruppin kam der Romancier Theodor Fontane, der mit seinen „Wanderungen durch die Mark Brandenburg" seine Heimat literarisch verewigte, und der preußische Baumeister Karl Friedrich Schinkel, der wie kein anderer mit seinen architektonischen Entwürfen das Land geprägt hat. Aus Frankfurt/Oder stammt der Dichter Heinrich von Kleist. Achim und Bettina von Arnim lebten und wirkten in Wiepersdorf, der große Dramatiker Bertolt Brecht in Buckow. Und Gartenkünstler wie Peter Joseph Lenné und Hermann Fürst von Pückler-Muskau haben Garten- und Parkanlagen geschaffen, die heute noch das Herz der Besucher erfreuen: Sanssouci, Babelsberg und Branitz, Schloss Freienwalde oder Neuhardenberg.

In einer Schicksalsgemeinschaft von Mensch und Natur, durch Trockenlegung und Melioration in den großen Feuchtgebieten Oderbruch und Spreewald, Rhinluch und Havelländisches Luch, kamen Ackerbau, Viehzucht und Fischereiwirtschaft, Lein-, Obst- und Gemüseanbau zu hoher Blüte. Und langsam – dank vielfältiger Rekultivierungs- und Renaturalisierungsmaßnahmen – beginnen auch die Wunden zu heilen, die der Landschaft mit einer jahrzehntelangen exzessiven Braunkohleförderung zugefügt wurden.

Seine Städte und Dörfer, Kirchen und Klöster, Schlösser und Burgen sind Zeugen der vielfältigen Geschichte des Landes seit Gründung des Bistums Brandenburg im Jahre 948. Nach den Askaniern kamen die Wittelsbacher – doch erst mit der fast 500-jährigen Herrschaft der Hohenzollern stieg Brandenburg zur europäischen Großmacht auf. Mit der Selbstkrönung des ersten Preußenkönigs 1701 in Königsberg durch den brandenburgischen Markgrafen und Kurfürsten Friedrich III. ging schließlich Brandenburg in Preußen auf. Über 600 unter Denkmalschutz stehende, vielfach bereits restaurierte Schlösser und Adelsresidenzen zeugen heute noch von einstiger preußischer Machtentfaltung. Allein in und um Potsdam, das schon unter dem Großen Kurfürsten neben Berlin zur zweiten preußischen Residenz gemacht wurde, entstand mit über 20 Schlössern, allen voran Sanssouci, das größte Park- und Schlossensemble nördlich der Alpen.

Die Tragik der Geschichte wollte es jedoch, dass Preußens „Glanz und Gloria", seine Toleranzedikte, die Tugendgebote von Arbeit und Pflichterfüllung, das „Üb' immer Treu' und Redlichkeit" vielfach von seiner militaristischen Hybris zunichte gemacht wurden, die schließlich zur Katastrophe des Zweiten Weltkrieges führte. Mit der Potsdamer Konferenz der Siegermächte in der letzterbauten Hohenzollernresidenz Cecilienhof und dem Kontrollratsgesetz vom 25. Februar 1947 wurde Preußen als Staat für immer aufgelöst. Aus seiner „Erbmasse" erstand – Ironie der Geschichte – jenes Land neu, das einst Preußens Wiege war: Brandenburg. 1949 als Land der DDR gegründet, dann 1952 zerteilt in die Bezirke Neubrandenburg, Potsdam, Frankfurt/Oder und Cottbus, wurde es mit der Wiedervereinigung am 3. Oktober 1990 in Übereinstimmung mit dem föderativen Staatsaufbau der Bundesrepublik Deutschland als Bundesland Brandenburg wiedererrichtet.

Schlosshotel Cecilienhof

Die Ironie der Geschichte wollte es, dass im letzterbauten Schloss der Hohenzollern auch die letzte Stunde jahrhundertelanger preußisch-deutscher Machtentfaltung schlug. Mit der Potsdamer Konferenz der Siegermächte im Zweiten Weltkrieg, der „Großen Drei" Truman, Stalin und Churchill (später Attlee) vom 17. Juli bis 2. August 1945, wurde Schloss Cecilienhof zu einem Ort welthistorischer Ereignisse: Hier wurde die Nachkriegskarte Europas neu gestaltet. Es begann eine lange Periode der Ost-West-Konfrontation und des kalten Krieges, die erst vor reichlich einem Jahrzehnt mit dem Fall der Mauer und der deutschen Wiedervereinigung beendet wurde.

Solches konnte der Namensgeberin des Hauses – Kronprinzessin Cecilie von Mecklenburg-Schwerin – wohl kaum in den Sinn gekommen sein, als sie das in den Jahren 1913 bis 1917 im Tudor-Stil eines englischen Landsitzes erbaute Anwesen gemeinsam mit ihrem Gatten Kronprinz Wilhelm als Wohnsitz bezog. Der Gebäudekomplex aus Backstein und dekorativem Fachwerk, gekrönt von markanten Schornsteinen und gruppiert um fünf Höfe, liegt im Landschaftspark „Neuer Garten" am Jungfernsee. In seinen 176 Zimmern wurde noch bis 1945 der Lebensstil von „Preußens Glanz und Gloria" gepflegt. Seitdem ist es historische Gedenkstätte mit dem Konferenzsaal und den Arbeitszimmern der englischen, amerikanischen und sowjetischen Delegation. Schloss und Garten gehören heute zum Weltkulturerbe der UNESCO.

Schloss Cecilienhof im englischen Landhausstil.

Das Schlosshotel Cecilienhof wurde bereits in den sechziger Jahren in den Mauern des geschichtsträchtigen Anwesens etabliert und gehört heute zur bundesweiten Kette der relexa hotels. Fürstlich wohnen, tagen und genießen, dort wo Geschichte geschrieben wurde, ist das Motto des Hauses. Die 42 Zimmer und Suiten, ganz individuell in Schnitt und Gestaltung, haben ihr historisches Flair behalten und erinnern dabei stets an den Stil englischer Landhäuser. Die Farbkompositionen reichen von Gelb und Creme über Rot bis zu Blau-weiß und Schwarzweiß. Klassische Leinenstoffe, englische Lampen, Sessel und edle Möbel in hellen Pastelltönen und im „Cecilienhofdesign" mit dem Emblem der Kronprinzessin prägen das Bild. Besonders gefragt, weil zum Teil nach originalen Vorlagen gestaltet und eingerichtet: die Hofdamensuite, die Hohenzollernsuite in sechs Räumen der ehemaligen Garderobe des Kronprinzen sowie die romantische Hochzeitssuite mit Himmelbett, Whirlpool und Kamin. Und aus welchem Fenster der Gast auch blickt – die zauberhafte Park- und Gartenlandschaft ist allgegenwärtig.

Die neun verschiedenartig im historischen Gewand gestalteten Salons und Tagungsräume bieten bis zu 150 Personen einen idealen Rahmen für jeden Anlass. Ob Bankett, Familienfeier oder Konferenz, für die moderne Kommunikationstechnik bereitsteht: Schloss Cecilienhof ist aus dem Veranstaltungskalender von Familien, Unternehmen und Organisationen kaum wegzudenken. Dafür stehen Namen wie Marschallsaal, bekannt nach dem Vertrauten Friedrichs II., Lordmarschall Keith, Salon Frederic, das frühere Speisezimmer der Prinzen, oder der intime Salon Hubertus.

Dem einstmaligen königlichen Stil und Anspruch des Hauses wollen heute Küche und Keller – in zeitgemäßer Abwandlung, versteht sich – gerecht werden. Gehobene internationale und regionale Küche prägen das Speiseangebot,

Das Schlossrestaurant.

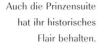

Auch die Prinzensuite hat ihr historisches Flair behalten.

Potsdam

Terrasse mit
Gartenblick.

In der Kleinen Galerie.

der Weinkeller mit über 150 Spitzengewächsen aus Deutschland, Europa und Übersee lässt keinen Genießerwunsch offen. Allein schon das elegante, vollständig mit ornamentiertem dunklen Holz getäfelte Schlossrestaurant, an schönen Tagen die Gartenterrasse zum Blumenrondell oder der rustikale Hofgarten (insgesamt 200 Plätze) sind Verführung genug zum Verweilen und Genießen. Serviert werden täglich durchgehend warme Speisen – vom Perlhuhn über Salzwiesenlamm und Wildlachs bis zum gefüllten Kalbsschwanz oder rosa gebratenen Hirschkalbsrücken – sowie frische Kuchen und Torten aus der eigenen Konditorei. Dabei legen die Schlossköche größten Wert darauf, Brandenburg von seiner besten kulinarischen Seite zu zeigen – mit Zander und Flusskrebs aus der Havel, zarter Lammkeule aus der Märkischen Schweiz, die hier in Heu gegart wird, dem Spargel aus Beelitz oder Wildbret aus dem Fläming, das nach Art des Hauses mit schwarzen Walnüssen gereicht wird.

Das Schloss Cecilienhof gehört zur 1995 gegründeten Stiftung Preußische Schlösser und Gärten Berlin-Brandenburg, die 150 Schlösser, weitere historische Gebäude und an die 800 Hektar Parkanlagen verwaltet. Wer sich im Hotel einlogiert, hat gleichsam das größte Park- und Schlossensemble nördlich der Alpen „vor der Haustür" mit Schloss Sanssouci, dem Neuen Palais oder Schloss Glienicke. Wer sich für Film interessiert, der kann die Medienstadt Babelsberg mit ihrem Studiogelände und dem weltweit größten Requisitenfundus besuchen. Auch wer nur wenig Zeit mitbringt, kann allein den in der zweiten Hälfte des 18. Jahrhunderts entstandenen Neuen Garten, der Cecilienhof umgibt, als wertvolles Erbe preußischer Bau-, Landschafts- und Kulturgeschichte erleben. Berühmte Architekten und Gartenkünstler – von Gontard über Langhans bis zu Peter Joseph Lenné – haben hier ihre Spuren hinterlassen. Und dazwischen, daneben und dahinter immer wieder Seen und Buchten, auf denen jede Boots- oder Schifffahrt zum bleibenden Erlebnis wird.

Schlosshotel Cecilienhof
Neuer Garten
14469 Potsdam
(A 10, Abfahrt Potsdam-Nord auf die B 273 nach Cecilienhof)
☎ 0331/370 50
✉ 0331/29 24 98
🖥 www.relexa-hotel.de
✉ potsdam-cecilienhof@relexa-hotel.de
⏱ Hotel durchgehend
Schlossrestaurant mit Gartenterrasse
täglich 7.00 bis 23.00 Uhr
Schlossmuseum:
November bis März 9.00 bis 16.00 Uhr
April bis Oktober 9.00 bis 17.00 Uhr
Montags geschlossen
Inhaber/Betreiber:
Schloss Cecilienhof Hotel GmbH
Geschäftsführer:
Petra Lubusch und Axel Steinwarz

Café und Restaurant Drachenhaus

Eine Spezialität des Hauses: Café à la Friedrich der Große. Sie wird gern auf besonderen Wunsch des Gastes nach eigener Rezeptur des ess- und trinkfreudigen Monarchen zubereitet und in einer Tasse mit dem Bildnis des Preußenkönigs kredenzt. Es ist ein starker schwarzer Kaffee, türkisch gekocht mit gestoßenen Senfkörnern und einem kräftigen Schuss Genever-Wacholderbranntwein. Er soll der Überlieferung nach der Verdauung des Hausherrn von Sanssouci sehr förderlich gewesen sein.

Der moderne Gast wird beim Genuss des Tranks schwerlich zwischen Dichtung und Wahrheit unterscheiden wollen. Das Drachenhaus, 1770–1772 von Karl von Gontard erbaut, war die Wohnstätte des Winzers, der den unter Friedrich II. angelegten Weinberg vor dem „Belvedere" bewirtschaftet hat. Das in Form einer dreistufigen Pagode errichtete Bauwerk erhielt seinen Namen nach den in Kupfer getriebenen vergoldeten Drachenfiguren auf den geschweiften Dachenden. Es war ganz und gar ein Produkt der im 18. Jahrhundert verbreiteten Chinamode – so wie auch das Chinesische Haus im Park Sanssouci oder das Schloss Pillnitz bei Dresden.

Seit dem 19. Jahrhundert wird das auf einer Anhöhe inmitten üppiger Parklandschaft gelegene Drachenhaus, zu dem der Fußgänger auf einem lang ansteigenden Treppenweg gelangt, als Café und Gaststätte betrieben. Die beiden Innenräume mit insgesamt 80 Plätzen und der Sommergarten mit ebenfalls 80 Plätzen bilden das reizvolle, miteinander verbundene gastronomische Ensemble. Es wird von Sanssouci-Besuchern ebenso gern aufgesucht wie es von ganzen Gesellschaften, von Familien und Vereinen als festlicher Rahmen

Drachenhaus im Park Sanssouci.

Potsdam

Restaurant Historische Mühle mit Bananketträumen und Freiterrasse.

für Zusammenkünfte genutzt wird. Angeboten werden Kaffee-, Schokoladen- und Eisspezialitäten, erlesene Weine und Spirituosen sowie „Schlossgerichte" aus der brandenburgischen Küche.

Seit dem Jahr 2000 hat die Historische Mühle nach umfangreicher Rekonstruktion wieder ihre Pforten geöffnet. Das beliebte Ausflugslokal ist 1909 erbaut worden. Vom legendenumwobenen Original hat es allerdings nur den Namen und die Örtlichkeit entlehnt. Der einstmalige Besitzer der wirklichen historischen Mühle Grävenitz wird gern als Beispiel für Mannesmut vor Fürstenthronen gerühmt – soll er doch dem Alten Fritz die Stirn geboten haben, als dieser ihm die Mühle wegen all zu lauten Klapperns wegnehmen wollte. Er behielt sie – Preußens Justitia sei dank! In Wirklichkeit hatte der Preußenkönig gar nichts gegen die Mühle als romantischem Beiwerk für sein Gästeschloss, die „Neuen Kammern". Unter der Ägide von Mövenpick sensibel restauriert, bietet die Mühle heute mit ihren beiden stilvollen Restaurants, den Bananketträumen und der malerischen Freiterrasse (insgesamt 350 Plätze) unter weit ausladenden alten Bäumen ein dem berühmten historischen Ort gemäßes gastliches Domizil. Wer nur seinen schnellen Durst stillen und einen schmackhaften Happen zu sich nehmen möchte, ist im Biergarten am 1900 erbauten Kutscherhaus, gleich hinter dem Besucherzentrum an der Historischen Mühle, gut aufgehoben.

Das Ensemble des Parks von Sanssouci wurde im 18. Jahrhundert unter Friedrich II. begonnen und im 19. Jahrhundert besonders durch Friedrich Wilhelm IV. erweitert. Das von Knobelsdorff errichtete eingeschossige Schloss Sanssouci – eine Perle des deutschen Rokoko – bildet gemeinsam mit den Weinbergterrassen den ältesten Teil der Parkanlage. Hier konnte Friedrich II. ungestört und „ohne Sorge" (sans souci) seinen musischen Neigungen nachgehen, fanden seine berühmten Flötenkonzerte und die Disputationen mit Voltaire statt. Der Prachtbau des Neuen Palais hingegen – nach dem siebenjährigen Krieg demonstrativ als architektonisches Zeichen für Preußens Gloria und seinen ungebrochenen Machtwillen errichtet – war vornehmlich für Angehörige der königlichen Familie und Gäste bestimmt. Es beherbergt im Südflügel eines der schönsten deutschen Rokoko-Theater, in dem auch heute noch Opern, Schauspiele und Konzerte dargeboten werden.

Café und Restaurant Drachenhaus
Maulbeerallee im Park Sanssouci
14469 Potsdam
☎/📠 0331/505 38 08
🖥 www.cafe-drachenhaus.de
⏱ täglich ab 11.00 Uhr
Inhaber: Peter Hortig

Besucherzentrum der Stiftung Preußische Schlösser und Gärten an der Historischen Mühle:
☎ 0331/96 94-200, -201, -202
📠 0331/96 94-107

Der Klosterkeller

Potsdam

Ein Klosterkeller ohne Kloster? Na wenn schon! Dafür haben wir es mit Potsdams ältestem, ja berühmtestem Gasthaus zu tun, das uns schnell mit der kleinen semantischen Irreführung aussöhnt. Entstanden auf Geheiß des Soldatenkönigs Friedrich Wilhelm I. im Jahre 1736, ist es seitdem Schankstube und Wirtshaus. Bereits sein erster Besitzer – ein gewisser Johann Christian Tittel – hatte das königliche Braurecht und durfte tischgezapftes Fassbier ausschenken. Stammgäste waren die „Langen Kerls", und gern kehrte auch der Kronprinz und spätere „Alte Fritz" in der gemütlichen Schenke ein. Gar bald rühmte sich das Haus als Weinrestaurant und Weingroßhandlung, ja es stieg sogar zum königlichen Hoflieferanten auf.

Blick in die Friedrich-Ebert-Straße zum Nauener Tor.

Um die vorige Jahrhundertwende, als das Gasthaus bereits im ganzen Land bekannt war, geschah dann auch ihr historisierender Umbau zum mittelalterlichen Weinkeller. Aus dem Gasthaus Zur goldenen Sonne ward nun Der Klosterkeller. Bald traf sich hier die Babelsberger Filmprominenz darunter Lilian Harvey und Willy Fritsch, Hans Albers und Heinz Rühmann. Das architektonisch meisterlich gestaltete, von gedrungenen Säulen getragene preußische Kreuzkappengewölbe, die Separees hinter dick gedrechselten Balustraden, die durch Treppenpodeste verbundenen Räume auf zwei Etagen sowie eine vorzügliche heimische Küche lockten die Gäste an. Und schon lange fragte niemand mehr, wo das vermeintliche Kloster denn wohl geblieben sei.

Heute kennt jeder Potsdamer das eher schlichte barocke Gebäude inmitten der historischen Altstadt als Klosterkeller. Nach umfangreichen Restaurierungsarbeiten zu Beginn der neunziger Jahre, bei denen einige bauliche Sünden der DDR-Zeit beseitigt werden mussten, ist das historische Gewand bis ins

Die Geräume erinnern an einen mittelalterlichen Weinkeller.

Potsdam

Im Klosterkeller traf sich die Babelsberger Filmprominenz.

Der Klosterkeller
Friedrich-Ebert-Straße 94
14467 Potsdam
☎ 0331/29 12 18
📠 0331/29 36 69
🖥 www.klosterkeller.potsdam.de
✉ klosterkeller@potsdam.de
🕐 Sonntag und Montag 11.00 bis 23.00 Uhr
Dienstag bis Sonnabend 11.00 bis 24.00 Uhr
Inhaber: Udo Uhlig und Bernd Hirschauer

Detail wiederhergestellt. Der Klosterkeller zählt heute in Potsdam zu den ersten Häusern am Platz. Seine drei Kellergasträume (125 Plätze) und bei schönem Wetter der Hofgarten (250 Plätze) sind oft bis auf den letzten Platz ausgebucht. Mehrere Gesellschaftsräume, so das Restaurant Stübl oder das Restaurant Boden (insgesamt 60 Plätze), sind gefragte Orte für Treffen im Familien- und Freundeskreis, für Jubiläen und Festlichkeiten.

Was Küche und Keller auf den Tisch bringen, kann sich sehen und vor allem schmecken lassen und gereicht dem Klosterkeller zu aller Ehre. Vorgefertigtes ist verpönt, alles wird frisch zubereitet. Deftige märkische Kost prägt die Speisekarte mit ihren wechselnden Wochenmenüs – vom begehrten Havelzander über die geschmorte Schweinshaxe in Majoran bis zur zarten Lammkeule in Thymiansoße. Der Weinkeller mit über 100 Rebsorten bietet dem Gast vor allem die heimischen Weine, eingeschlossen die königliche Rebe, die einst in und um Potsdam hoch in Kurs stand. So genießt der Kenner hier gern den „Werderaner Wachtelberg", einen Müller-Thurgau vom nördlichsten Weinberg Europas, einem Qualitätswein nach EU-Recht und „Exot mit Tradition", die bis ins 14. Jahrhundert zurückreicht, als die Zisterziensermönche aus dem Kloster Lehnin die Rebe nach Werder bei Potsdam brachten.

Ideenreich und liebevoll gepflegt wird im Klosterkeller auch die Ess- und Trinkkultur an preußischen Königsthronen. Da feiern das „Tabakskollegium" des Soldatenkönigs oder „Friedrichs Tafelrunde in Sanssouci", verewigt in Menzels berühmtem Gemälde, fröhlich Urständ, schlüpft Kellerwirt Udo Uhlig in den Soldatenrock des „Alten Fritz" und erzählt ergötzliche Anekdoten, wie es damals bei Hofe wohl zugegangen sein mag. Das Ganze wird musikalisch und natürlich kulinarisch umrahmt – etwa mit einer „Bombe de Sardanapal", einem mit Speck, Würstchen, Knoblauch und Safran gefüllten Kohlkopf. Kreiert wurde selbiges schmackhafte Menü seinerzeit vom französischen Hofküchenmeister Adreas Noel, dem der Preußenkönig ob solcher Kochkunst eine ganze Lobesode von 137 Versen als Dank widmete.

Zum fliegenden Holländer

Benannt wurde das im holländischen Viertel gelegene Gebäude in den zwanziger Jahren des vorigen Jahrhunderts nach jener, mit Richard Wagners Oper weltberühmt gewordenen Sagengestalt des Kapitäns, dessen Schicksal es war, rastlos über die Meere zu segeln, bis eine liebende Frau ihn erlöst. Die reale Berufung des Hauses aber ist eine ganz andere, sehr bodenständige – nämlich die eines Gasthauses. Und doch ist es ohne den oder die „Holländer" nicht denkbar. Vom Preußenkönig Friedrich II. stammt der Ausspruch: „Und wenn wir das Land peublieren müssen, so holen wir Türken und Heiden und bauen ihnen Moscheen und Tempel" ... und gleich auch ein ganzes Holländisches Viertel dazu, so wie in Potsdam. So entstanden in den Jahren 1737 bis 1742 unter dem Soldatenkönig Friedrich Wilhelm I. im Rahmen der zweiten barocken Stadterweiterung in Potsdam 134 schmucke Wohnhäuser im Stile rotziegeliger niederländischer Backsteinarchitektur. Der Architekt Jan Boumann der Ältere und seine holländischen Bauhandwerker schufen ein einzigartiges geschlossenes Ensemble von Traufen- und Giebelhäusern, das heute unter UNESCO-Schutz steht.

Das wohl bekannteste und namhafteste darunter ist – direkt im Herzen des Viertels gelegen – das Eckhaus in der Benkertstraße 5. Benkert arbeitete als Bildhauer für König Friedrich II. in Potsdam und Berlin. Seit 1869 hat es sich an vorderster Stelle in die lange Liste historischer Potsdamer Einkehrstätten eingetragen – anfangs als schlichte Schankwirtschaft, später schon bald als eher noble Restauration und schließlich in der ersten Hälfte des 20. Jahrhunderts als gefragtes Gasthaus der Berliner Kindl-Brauerei. Diese – 1948 enteignet – ist nach der Wende nach Potsdam zurückgekehrt und betreibt in Potsdam-Rehbrücke eine der modernsten Brauereien Deutschlands. Zugleich hat sie die berühmte alte

Die Kaminzimmer im Erdgeschoss und der ersten Etage.

Historische Gaststätte in dem von 1737–42 entstandenen Holländischen Viertel.

Potsdam

Gastwirtschaft in der Benkertstraße aus 30-jährigem Dornröschenschlaf während der DDR-Jahre erweckt und mit Investitionen in Millionenhöhe getreu dem historischen Vorbild umfassend restauriert, renoviert, um- und ausgebaut. Im Juni 1996 öffnete der Fliegende Holländer wieder seine Pforten.

Allein der Rundgang durch das Haus ist ein Erlebnis. Verteilt über zwei Etagen bieten die sechs Galasträume – vom Tresenraum über Kaminzimmer, Lesezimmer, Reiterzimmer bis zum Wintergarten (insgesamt 220 Plätze) – eine ganz und gar individuelle Visitenkarte: rustikal, wohnlich und mit viel Holz gestaltet sind die Räume im Erdgeschoss; eher festlich-vornehm die Etablissements darüber. Die beiden Kaminräume unten und oben mit ihrer originalen offenen holländischen Kaminanlage sorgen an kalten Tagen und Winterabenden für anheimelnde Gemütlichkeit. Und was wohl gänzlich ungewöhnlich ist: Der Gast kann im Haus vom Erd- bis zum Dachgeschoss sehen, hier und dort sind die Decken durchbrochen und erlauben ungewöhnliche Durchblicke wie bei einer Takelage.

Traditionelle und zeitgemäße Kochkunst mit stark regionalen Akzenten bestimmen die Speisekarte. Alles wird aus überwiegend brandenburgischen, immer frisch gelieferten Produkten selbst gemacht und zubereitet – von der Sülze über die Kohlroulade, den mit Backpflaumen gefüllten Schweinebraten, das Lammfilet an Kräuter-Knoblauch-Soße bis zum Matjes-Doppelfilet mit Speckbohnen. Natürlich dürfen zu keiner Zeit die holländischen Käsespezialitäten mit Edamer, Gouda und Leerdamer fehlen, wie sie schon zu Zeiten der Gründungsväter hierzulande auf den Tisch kamen. Aus den Zapfhähnen fließen Berliner Kindl, Potsdamer Rex und Märkischer Landmann – getreu der jahrhundertealten Berliner und Brandenburger Brautradition. Und so mancher Gast staunt vielleicht nicht schlecht, wenn er vom Wirt vernimmt, dass das Bier in der Mark Brandenburg seit 949 nachweisbar ist und dass sogar in der Stiftungsurkunde des Bistums Brandenburg König Otto I. zu Magdeburg die jährlichen Bezüge des Bischofs unter anderem in Gerstensaft festgelegt hat.

Zum fliegenden Holländer
Benkertstraße 5/Ecke Mittelstraße
14467 Potsdam
☎ 0331/27 50 30
📠 0331/27 50 321
🕐 täglich ab 10.00 Uhr
Inhaber: D. Downer & Söhne

Speckers Gaststätte zur Ratswaage

Das Haus legt großen Wert auf das kleine Wörtchen „zur". Damit betont es seine architektonische, geschichtliche und gastronomische Eigenständigkeit wie auch räumliche Distanz zu der berühmten, von Schinkel 1820 inmitten des Neuen Marktes errichteten Ratswaage. Hier wurden dereinst Getreide und andere Produkte vor der Verschiffung gewogen und versteuert. Das Haus mit Speckers Gaststätte hingegen bestand bereits weitaus früher an dem einzigen, fast vollständig erhaltenen Stadtplatz des 18. Jahrhunderts in Potsdam, der bereits unter König Friedrich Wilhelm I. und dann unter Friedrich II. seine prägende Gestalt erhalten hat mit königlichem Kutschstall, Kabinettshaus und einem barocken palaisartigen Gebäudeensemble. Eingeschlossen darin liegt die heutige Restauration. Entworfen wurde das Ganze 1752 von keinem Geringeren als dem Architekten von Sanssouci, Knobelsdorff, und ausgeführt von Jan Boumann d. Ä., der auch das Holländische Viertel schuf. Das Gebäude kann sich sogar etwas darauf einbilden, dass der „Alte Fritz" höchstderoselbst in das Baugeschehen eingegriffen und in seinem verkraxelten Deutsch – das Französische war ihm bekanntlich geläufiger als seine Muttersprache – Anweisungen unter anderem für die Ausformung der Obergeschosses gegeben hat. Zunächst bewohnt von dem Glasschneider David Regeler, wurde es schon ein Jahrzehnt später als Gastwirtschaft genutzt. Und was für unsere Betrachtung besonders bemerkenswert ist: Dieser Bestimmung ist das Haus zur Ratswaage über all die Zeitläufte bis auf den heutigen Tag treu geblieben, und es zählt somit zu den ältesten Gastwirtschaften Potsdams. Hier haben die Kaufleute nach der Wiegeprozedur ordentlich einen zur Brust genommen, verkehrten

Gaststätte zur Ratswaage am Neuen Markt.

Potsdam

Die Räumlichkeiten bieten Platz für rund 50 Gäste.

Innenhofterrasse mit historischem Ziehbrunnen.

die Stadthonoratioren, Künstler und Literaten. Noch bis in die siebziger Jahre wurde es auch in der DDR gastronomisch genutzt, dann verfiel es zur Ruine.

1998 erstand es, nach liebevoller Restaurierung, neu. Die barocken Strukturen mit der Sandstein-Attika oder der originalen Fensterbekrönung mit der Kartusche und dem Zeichen des Hausgründers wurden wiederhergestellt. Die beiden miteinander verbundenen Galerie (50 Plätze) wirken preußisch-schlicht mit hohen Fenstern, breiter Fußbodendielung und den originalen Wandpaneelen mit leicht verblichenen Ölmalereien. Auch das Kaminzimmer (17 Plätze) mit dem ehemals verschütteten und nun wieder aufgefundenen offenen Kamin sowie die Innenhofterrasse (40 Plätze) mit dem alten Ziehbrunnen bestechen durch ihre Originalität und Eleganz.

Und die Namenszufügung zum historischen Schriftzug über der Haustür? Wer wollte sie dem passionierten Berliner Meisterkoch und Gastronomen Gottfried Specker wohl verargen, dem es in hohem Maße zu danken ist, dass das traditionsreiche Haus heute wieder Anziehungspunkt für Gäste aus allen Ecken und Enden der Stadt, ja des Landes ist. Phantasievolle brandenburgische und französisch inspirierte Kompositionen sind „Balsam" für den verwöhnten Geschmack und es gibt auch Verführung genug für Liebhaber bekannter deftiger Gerichte, von Eintöpfen und Suppen. Nichts ist hier für die Woche festgeschrieben, täglich werden mittags und abends wechselnde Menüs angeboten.

Absoluten Vorrang genießen Erzeugnisse aus dem Umland – ob Hähnchen aus der Uckermark, Milch und Milchprodukte aus dem Havelland, Eier aus eigener Freilandhaltung, Zander und Aal, Wels und Flusskrebs aus heimischen Gewässern und Wild aus hiesigen Forsten. Wahre Leckerbissen sind der knusprige Braten von der Gans aus dem benachbarten Wittbriezen, ein Ochs' aus ökologischer Aufzucht, angerichtet in Portwein-Pfeffersoße, ein glasiertes Rehschäufele in Waldhonig-Nusssoße mit Pilzplätzchen oder ein Beelitzer Lamm auf Knoblauch-Oliven-Püree, wenngleich solche Menüs auch ihren nicht ganz unbescheidenen Preis haben. Verdienter Lohn für die Hausköche sind Referenzen von „Michelin" oder auch vom „Aral-Schlemmer-Atlas".

Speckers Gaststätte zur Ratswaage
Am Neuen Markt 10
14467 Potsdam
☎ 0331/280 43 11
📠 0331/280 43 19
🕐 Dienstag bis Sonnabend
12.00 bis 15.00 Uhr und ab 18.00 Uhr
Sonntag 12.00 bis 15.00 Uhr
Montag Ruhetag
Inhaber: Gottfried Specker

Café Heider

Potsdam

Es gilt als „das Wohnzimmer der Stadt Potsdam". Da sitzt der Staatsanwalt (das Gericht liegt gleich um die Ecke) neben dem Hauswirt, der Schauspieler neben der Hausfrau, die gerade vom Einkauf kommt, der Beamte neben dem Taxifahrer. Sie allen gönnen sich hier ihren Kaffee, Mokka oder eine Tasse Schokolade, genießen die hausgemachten Eis- oder Kuchenspezialitäten und – wenn es die schlanke Linie verträgt – auch ein Stück von der Baumkuchentorte à la Rabien, für die das Haus seit fast 100 Jahren berühmt ist: feinste Konditoreiware mit Marzipan, Schokolade und Crèmes. Kaffees und Tees präsentieren sich in geradezu verwirrender Vielfalt – vom Hauskaffee Heider mit Aprikosenlikör und Sahne, Mexikanisch (Kaffee und Schokolade), Maria Theresia (Espresso mit Eierlikör und Sahne), Pharisäer, Rüdesheimer, Franziskaner, Fiaker bis zum Kaffee Italia, einem Trank mit Ameretto und Sahne. Selbstverständlich kann der Gast den Kaffee auch ganz pur genießen.

Das Lokal ist täglich ab 8 Uhr geöffnet und zum Frühstück ebenso gut besucht wie zum Mittagstisch, zum Nachmittags-Kaffeeplausch oder zur weinseligen Runde am Abend. Die „Wohnstube" aus Café, Mokkastube und Bar (insgesamt 150 Plätze) besticht durch ihr heimeliges, leicht nostalgisches Flair aus der Zeit um 1900 – mit roten Samtsofas, -bänken und kleinen Tischgruppen, Spiegeln im üppigen Goldrahmen, Bordürentapete, dunklen Holzverkleidungen und den die Wände zierenden überdimensionalen Schwarzweißfotos

Café Heider in der Friedrich-Ebert-Straße am Nauener Tor.

Potsdam

Das Café ist seit über 100 Jahren berühmt für seine Kuchenspezialitäten.

mit alten Potsdamer Stadtansichten. Im Obergeschoss ist ein kleiner, eher spartanisch möblierter Gesellschaftsraum (30 Plätze) Veranstaltungen im kleinen Kreis, Literaturlesungen oder Künstlertreffs vorbehalten. An schönen Tagen ist auf der Terrasse vorm Haus (150 Plätze) oft schwer ein Platz zu finden. Der Gast kann von hier aus das quirlige Leben im Holländischen Viertel beobachten und blickt dabei auf das ganz in der Nähe liegende Nauener Tor (1755), eines der ältesten Beispiele neogotischer Architektur in Deutschland.

Café Heider ist eine Institution – jeder Potsdamer kennt es – und seine Historie ist mit der alten preußischen Residenzstadt eng verbunden. Als der holländische Tischlermeister Gerrad de Ridder das Eckhaus 1731 mit königlicher Genehmigung erbaute, hat er gewiss nicht im Traum daran gedacht, dass seine Wohnstatt dereinst zum traditionsreichsten Caféhaus der Havelmetropole aufrückt. Das geschah zu Beginn des 20. Jahrhunderts, als der königliche Hofkonditor Ernst Rabien („Rabien-Torte") hier nach dem Vorbild Altberliner Caféhäuser eine Konditorei einrichtete. Seit der Gründung des ersten Berliner Caféhauses 1722 war das Kaffeetrinken mehr und mehr in Mode gekommen und drängte zeitweilig sogar den Alkoholkonsum zurück. So berühmte Berliner Adressen wie Café Bauer oder Café Kranzler wurden viel besungen und gingen in die Literatur ein. Rabien erkannte die Zeichen der Zeit – und eine ungezählte Gästeschar dankt es ihm seitdem wie auch seinem Nachfolger Karl Heider, der das Haus seit den sechziger Jahren geführt und mit seinem Namen populär gemacht hat. Nach der Wende umfassend rekonstruiert und restauriert unter der Ägide des jungen Gastronomen Nico Gehn, hat es den Charme und die sympathische Patina Altberliner Caféhäuser wiedergewonnen. Und es schlägt Brücken zur Tradition wie auch buchstäblich „vor Ort" zum alten und neuen Potsdam: In wenigen Minuten nur sind Park und Schloss Sanssouci von hier aus zu erreichen.

Café Heider
Friedrich-Ebert-Straße 29
14467 Potsdam
☎ 0331/270 55 96
📠 0331/175 42 14
🖥 www.caféheider.de
🕐 täglich ab 8.00 Uhr
Inhaber: Nico Gehn

Potsdam/Havelland

Hotel Bayrisches Haus

Die elegante Hotelanlage im romantischen Potsdamer Wildpark ist ein Haus der Spitzenklasse – wahrhaft königlich, und seine „Fünf Sterne" könnten auch heute noch eine Krone zieren. So wie vor 150 Jahren, als der Preußenkönig Friedrich Wilhelm IV. seiner bayrischen Angetrauten Elisabeth als Geburtstagsgeschenk hiesiges Domizil im schönsten alpenländischen Blockhausstil errichten ließ. Die Tochter des Bayernkönigs Maximilian I. und Tante der österreichischen Kaiserin „Sissi" sollte sich auch im gebirgsarmen Preußen wie zu Hause fühlen. Dabei vermittelte die architektonische Bayernanleihe auf dem großen Entenfängerberg mit phantastischem Panoramablick über die Wälder des hügeligen Wildparks selbst bei viel Phantasie doch nur eine leicht alpine Illusion. Na, wenn schon! Es gab ja noch die Gämsen, die aus bayrischen Alpenhöhen eigens nach Potsdam gebracht wurden und hier im Wildpark ein großes Freigehege bevölkerten.

Die große Zeit des Adels ging vorbei – das schöne Haus blieb. In den zwanziger und dreißiger Jahren des vorigen Jahrhunderts war es beliebtes Ausflugsziel der Berliner und Potsdamer, die sich in der historischen Gaststätte und im Kaffeegarten unter hohen, weit ausladenden Lindenbäumen verwöhnen ließen. Schulungsheim für Forstarbeiter zu DDR-Zeiten und dann umgebaut zum Gästedomizil für die Nomenklatura, erlebte das Haus im Jahr 2001 seine Renaissance als Nobelherberge unter dem Patronat des Frankfurter Konsuls Karl Dürbeck.

Das oft zitierte Credo so mancher Einkehrstätte „Der Gast ist König" – hier erfüllt es seinen tiefen Sinn, ist es täglich verinnerlichter Anspruch der „dienstbaren Hausgeister". Die Hotelanlage bietet allen Besuchern einen erlebnis- und

Das Bayrische Haus ließ Preußkönig Friedrich Wilhelm IV. errichten.

Eingangsbereich des Hotels.

genussreichen Aufenthalt. Das Kleinod Alpenhaus hat durch eine Reihe moderner Anbauten Zuwachs bekommen, bildet aber nach wie vor den architektonischen Mittelpunkt des weitläufigen Anwesens. Das Gourmet-Restaurant Friedrich Wilhelm (50 Plätze), die Elisenstube (20 Plätze) und das Kaminzimmer (12 Plätze) sind individuell ausgestattet mit kunstvoll ornamentierten Holzwandpaneelen, Kassettendecken, schweren Lüstern oder den stilvollen offenen Kaminen. Küche und Keller bieten dem Gast, „was andere nicht haben". Der erklärte Anspruch meint erwählte Kreationen ebenso wie Bodenständiges mit regionalen Facetten. Stets gewahrt dabei ist das Unverwechselbare in Auswahl und Zubereitung – ob die Speisekarte den „auf der Haut gebratenen Zander mit Champagnerkraut und Kapernbutter", die „gebratene Entenleber an Pastinakenpüree mit Röstzwiebeln und Apfelspalten", eine „Kartoffelsamtsuppe mit geräucherter Karpfenroulade" oder – ganz vegetarisch – eine „Lasagne von Topinambur und Blattspinat an Rote-Bete-Schaum" verheißt. Dazu ausgesuchte edle Weine – von Elbe und Mosel bis Kalifornien und Chile –, Champagner, heimische Gerstensäfte oder Drinks in vielfältigen Variationen.

Auch der Hotelgast wird schon an der Rezeption „fürstlich" empfangen. Die Lobby, Mobiliar und Wände in zarten Pastellfarben gehalten, lädt mit ihrem gemütlichen Ambiente und der kleinen Bibliothek zum Verweilen ein. Schlichte Eleganz, feine Stoffe und edle Hölzer prägen das Bild der 33 Zimmer und Suiten, die sämtlich über Internetzugang und ein Faxgerät mit eigener Direktwahl verfügen. Für kreativen Gedankenaustausch und gesellige Zusammenkünfte stehen Tagungs- und Bantketträume, ausgestattet mit modernster Kommunikationstechnik, zur Verfügung. Fitnessraum, Sauna, Dampfbad, Solarium und Whirlpool, klassische oder Fußreflexzonenmassagen bringen Ausgleich und körperliche Entspannung. Und wer seinem Schönheitsideal noch ein Stückchen näher kommen möchte, kann sich in der Beauty-Farm nach „Méthode Jeanne Piaubert" verwöhnen lassen.

Hotel Bayrisches Haus
Im Wildpark 1
14471 Potsdam
🚗 (von Potsdam-Zentrum auf die B 1 Richtung Geltow)
☎ 0331/550 50
📠 0331/550 55 60
💻 www.bayrisches-haus.de
✉ info@bayrisches-haus.de
🕐 Hotel durchgehend,
Gourmet-Restaurant Friedrich Wilhelm
Mittwoch bis Sonntag ab 19.00 Uhr,
Elisenstube
täglich 12.00 bis 14.00 Uhr und
18.00 bis 22.00 Uhr
Inhaber:
Bayrische Haus Touristik GmbH
Geschäftsführende Gesellschafterin:
Gertrud Schmack

Gourmet-Restaurant Friedrich Wilhelm.

Krongut Bornstedt

Am 1. Juni 2002 öffnete das Krongut Bornstedt nach dreijähriger aufwendiger Restaurierung und Rekonstruktion wieder seine Pforten. Der königliche Landsitz mit Herrenhaus und Lenné'schem Park, Kirche und Friedhof, Schulhaus, Amtshaus und Wirtschaftsgebäuden erhielt seine heutige architektonische Gestalt Mitte des 19. Jahrhunderts unter dem Preußenkönig Friedrich Wilhelm IV. (1795–1861). Nach einem verheerenden Brand ließ er es als sein „Italienisches Dörfchen" wieder aufbauen, erfüllte er sich seinen Traum von „Bella Italia" unter preußischem Himmel. Zum „Mustergut der Hohenzollern" avancierte es dann unter Kronprinz Friedrich Wilhelm (1831–1888), dem späteren deutschen Kaiser und seiner englischen Gemahlin Viktoria (1840–1901). Modernste Produktionsmethoden nach englischem Vorbild hielten damals Einzug in die Milchwirtschaft, die Hühnerzucht und die Verarbeitung landwirtschaftlicher Produkte. Heute kommen Tag für Tag zahlreiche Besucher in das nur 400 Meter vom Schloss Sanssouci entfernt und malerisch am Bornstedter See gelegene Krongut. In seinen Mauern erleben sie ein Stück preußischer Geschichte und können Glasbläsern, Handwebern, Kunstgießern oder Korbmachern zuschauen. Der verführerische Duft frisch gebackenen Brotes weist den Weg zur Hofbäckerei. Hier werden im mit Buchenholz gefeuerten originalen Backofen Landbrot, Kommissbrot, Brötchen und Blechkuchen nach alter Krongutrezeptur hergestellt. In der Hofbrauerei im einstigen Brau- und Brennhaus entsteht in den kupferblitzenden Kesseln ein vortreffliches obergäriges Braunbier, das „Bornstedter Büffel" – ganz in der Bornsted-

Italien unter preußischem Himmel: das Krongut in der Nähe von Schloss Sanssouci.

Weinscheune Habel.

Potsdam

Im Hof-Brauhaus neben der Brennerei.

Hof-Brauerei.

ter Brautradition, die hier seit 1689 zu Hause ist. Die Brennerei liefert Williamsbirne und Kartoffelschnaps, einen Bornstedter Weinbrand und sogar einen Spargelschnaps, ein ausgesprochenes Unikum unter den Hochprozentigen.

Am besten schmeckt solcher Trank wohl in dem Hof-Brauhaus direkt neben der Brennerei (140 Plätze) bei einem deftigen Brandenburger Gericht aus der Hofküche, vielleicht einem Schorfheider Mufflonrückenfilet, einer gegrillten Brust von der Bornstedter Ente, einer Roulade vom Nuthehecht oder einem Beelitzer Kaninchenrücken. Blankgescheuerte Holztische und -bänke unter wuchtigem originalen Kreuzgewölbe, schmiedeeiserne Kronleuchter, Gemälde und alte Stiche an den Wänden bis hin zu preußischen Uniformstücken geben dem Raum ein stilvolles und urgemütliches Ambiente. Wer eher Weintrinker ist, findet seinen Lieblingstropfen gewiss in der Weinscheune Habel mit Weinterrasse direkt am See (140 Plätze). An die 320 Rebsorten vornehmlich aus deutschen, aber auch europäischen Landen und aus Übersee bietet der Sommelier seinen Gästen, dazu einen deftigen märkischen Imbiss. Liebhaber süßer Sachen kommen im Café Victoria (30 Plätze) bei Petit fours oder einer hoftypischen Preußentorte voll auf ihre Kosten. In den Fischerhütten am See (200 Plätze) werden eigene Krongutprodukte, gegrillt oder geräuchert, angeboten – von der Bratwurst bis zum frisch gefangenen Fisch. Das Gourmet-Restaurant im Herrenhaus (24 Plätze) schließlich bietet phantasievolle Kreationen mit kleinen Show-Effekten.

Chefgastronom Ronny Pietzner, jüngstes Mitglied in der deutschen Köche-Nationalmannschaft und auch vielgefragter Fernsehkoch, beherrscht den „märkischen Herd" ebenso wie die „kaiserliche Tafel". Zudem gilt er als „kulinarischer Botschafter der Mark Brandenburg", da er vorwiegend mit Produkten der Region und der Saison arbeitet.

WIR VERWANDELN ZEIT IN GENUSS.

Wir nehmen uns viel Zeit bei der Herstellung unserer Weine und Sekte. Ihre hohe Qualität und ihr Charakter ist das Ergebnis der mit Liebe und Leidenschaft begleiteten Reifezeit im Weinberg wie im Weinkeller. All das, unsere moderne Wein- und Sektmanufaktur und die wunderbare barocke Schloss- und Gartenanlage können Sie selbst sehen, hören, fühlen, schmecken, kurz mit allen Sinnen auf einer unserer Touren erleben. Dabei verwandeln wir auch Ihre Zeit auf Schloss Wackerbarth gerne in einen unvergesslichen Genuss.

Schloss Wackerbarth

Sächsisches Staatsweingut GmbH · Wackerbarthstr. 1 · 01445 Radebeul · Tel. 03 51.89 55-200 · www.schloss-wackerbarth.de

Potsdam

Weinverkostung in der Weinscheune.

Das Krongut Bornstedt – so die Philosophie seines Geschäftsführers Friedhelm Schatz – ist wie eine große Bühne, auf der sich Geschichte und Gegenwart die Hand reichen. Sie lebt von geeigneten Inszenierungen. Entsprechend weit gefächert ist das Repertoire der Veranstaltungen: Es reicht vom Krongut-Hoffest mit großem Wasserfeuerwerk im Herbst über die „Kaiserliche Teezeremonie", Sommer-, Erntedank-, Blumen- und Weinfeste bis zu Ausstellungen und Banketten, Tagungen und Präsentationen. Warmherzigen „obrigkeitlichen" Segen finden Hochzeitspaare im Standesamt des Herrenhauses, kirchliche Weihen am Traualtar in der gegenüberliegenden Gutskirche.

Brennerei.

Krongut Bornstedt
Ribbeckstraße 6–7
14469 Potsdam
🚌 (nahe Schloss Sanssouci)
☎ 0180/576 64 88
(0,12 €/Min aus dem Netz der Telekom)
📠 0331/550 65 15
💻 www.krongut-bornstedt.de
✉ info@krongut-bornstedt.de
🕐 Krongut täglich ab 10.00 Uhr und nach Vereinbarung (auch Führungen)
Gastronomie täglich ab 11.00 Uhr
Inhaber:
Krongut Bornstedt Parkgesellschaft mbH
Geschäftsführender Gesellschafter:
Friedhelm Schatz
Gesamtgastronomischer Leiter: Ronny Pietzner

Potsdam/Havelland

Gaststätte Baumgartenbrück

Geltow

Berühmt machten Geltow – eines der reizvollsten und zugleich mit über 1 000 Jahren ältesten Haveldörfer – die Brücke und ihr Gasthaus. Hier führte schon im Mittelalter der Personen-, Güter- und Postverkehr über die Havelenge zur „Insel" Potsdam – erst über eine mit Pferdeschädeln befestigte Furt (slawisch „Weher zu Bomgarde"), dann ab 1675 über eine hochklappbare Holzbrücke, die schließlich 1910 von einer modernen Stahlbogenbrücke abgelöst wurde. Und überall, wo solche Nadelöhre bei wichtigen Verkehrswegen bestanden, kassierte der Fiskus kräftig ab – in Baumgartenbrück einen saftigen Flusszoll. Was des einen Leid, ist des anderen Freud – sagt der Volksmund. Zum Zollhaus gesellte sich alsbald um die Mitte des 18. Jahrhunderts eine Gastwirtschaft. 1826 wurde das Brückenwärterhaus von Johann Josef Herrmann, dem Stammvater der heutigen Besitzer, für 5 005 Taler erworben. Schnell wurde es zum beliebten Treff der Kahnfährleute und ihrer Gäste, ja von Prominenten jeder Coleur in jener Zeit. Schließlich war das auch kein Wunder bei dem Gastgeber, der sich rühmen konnte, in seinen Jugendjahren zur legendären Truppe der „Langen Kerls" des Preußenkönigs gehört zu haben. In der Heimatstube des Hauses, von Großmutter Herrmann liebevoll eingerichtet, finden sie sich in Chroniken und alten Gästebüchern verewigt: die Bismarcks und Schulenburgs, Wartenbergs und Itzenplitz, die Gebrüder Grimm und die Humboldts, Bettina von Arnim, Clemens Brentano und der „Romantiker von Baumgartenbrück", Freiherr von Meusebach, dessen reiche Literatur- und Autographensammlung den Grundstock der Berliner Staatsbibliothek bildete. Und im Jahre 1809 biwakierte am Haus sogar Freiherr Ferdinand von Schill mit seinen Husaren, bevor er nach Stralsund zog und dort im Kampf mit den napoleonischen Truppen den Tod fand. Die Schill-Linde gleich hinter der Gaststätte erinnert an jenes Ereignis.

Der Schwielowsee.

Gasthaus Baumgartenbrück am Schwielowsee.

Geltow

Historische Fotos und alte Stiche erinnern an seine facettenreiche Geschichte.

Fisch aus Havel und Schwielowsee gehört zu den Spezialitäten des Hauses.

Gaststätte Baumgartenbrück
Baumgartenbrück 4/5
14542 Geltow, direkt am Schwielowsee
🚗 (A 10, Abfahrt Werder auf die B 1, in Geltow unterhalb der Baumgartenbrücke)
☎/ 03327/552 11
✉ baumgartenbrueck@arcor.de
🕐 Dienstag bis Sonntag ab 12.00 Uhr
Montag Ruhetag
Inhaber:
Beatrice und Frank Herrmann

Eingedenk solch berühmter und familiengebundener Tradition führen Beatrice und Frank Herrmann heute in sechster Generation das geschichtsträchtige Gasthaus. In den DDR-Jahren als Kindergarten und -ferienlager genutzt, öffnete es nach grundlegender Restaurierung und Sanierung im Mai 1991 seine Tore und empfängt seitdem wieder Gäste. Wenn Fontane seinerzeit Baumgartenbrück als „Brühl'sche Terrasse am Schwielowsee" rühmte, so hatte er dabei wohl stets den baumbewachsenen mächtigen Uferwall und das davor liegende imposante, an einen brandenburgischen Gutshof erinnernde Gasthaus aus rotem Backstein vor Augen, „überdacht" gleichsam von uralten hohen Linden und Kastanienbäumen mit ihren weitausladenden Kronen.

Gemütlichkeit und familiäres Flair verbreiten die beiden rustikal eingerichteten Gaststuben (80 Plätze) und die historischen Fotos, alten Stiche und Landschaftsimpressionen an den Wänden machen neugierig auf das Haus und seine Geschichte. An schönen Tagen lockt der Restaurant-Garten (60 Plätze) mit weitem Blick auf den Schwielowsee und die vorbeigleitenden Boote und Dampfer. Hier kommen alle Köstlichkeiten, die das Havelland zu bieten hat, auf den Tisch: frisch gefangener Fisch aus der Havel und dem Schwielowsee, Wildbret aus der waldreichen märkischen Heide, Beelitzer Spargel und die berühmten Obstweine aus dem benachbarten Werder – vom Erdbeer- über Kirsch- bis zum Johannisbeerwein. Fehlen darf natürlich nicht, was schon „Brückenwärters Leibgericht" war: ein deftiger Kasslerbraten mit Bratkartoffeln und Sauerkraut, alles hausgemacht, versteht sich, dazu ein wohltemperiertes Potsdamer Rex Pils oder ein Radeberger Gerstensaft.

So verträumt der kleine Ort auch heute noch erscheinen mag – Brücken hat Geltow schon immer geschlagen zu seiner näheren und weiteren Umgebung, und das nicht nur über die Havel. So waren es „Funkbrücken" zu Beginn des 20. Jahrhunderts durch die hier errichtete Funkstation. Mit ihnen konnten 1910 die ersten Überseetelegramme in Deutschland empfangen werden und Geltow avancierte zum „Ohr der Welt".

Gotisches Haus

Paretz

Kronprinzessin Luise von Mecklenburg-Strelitz konnte es einst kaum erwarten, dass es nach Paretz geht, wie sie im Mai 1797 ihrem Vater schrieb. Das war einen Monat nach dem Richtfest am Schloss. David Gilly, Preußens genialer Architekt vor der Schinkel-Ära, hatte es für das Kronprinzenpaar Friedrich Wilhelm III. und Luise, die spätere legendäre preußische „Königin der Herzen", in ländlicher Abgeschiedenheit errichtet. Es war ein schlichter Herrschaftssitz im frühklassizistischen Stil. Das herrschaftliche Paar wollte es so – Luise und ihr Gemahl liebten die Idylle des Landlebens und den ungezwungenem Umgang mit der Dorfbevölkerung.

In Paretz entstand ein ganzes Dorf neu – mit Schloss, Wirtschaftsgebäuden und Kirche, schmucken Bauern- und Kossätenhöfen statt der alten schilfgedeckten Katen und einem Landschaftspark nach englischen Vorbild. Schon früh galt der Ort als Muster der Landbaukunst in Preußen und das einheitlich gestaltete frühklassizistische Bauensemble steht heute als Gesamtkunstwerk unter Denkmalschutz. Darin auch das Gotische Haus, das auf dem Reißbrett von David Gilly entstand und heute eine viel besuchte romantische Gaststätte ist. Zusammen mit dem Schloss wurde es seinerzeit als königliche Schmiede gebaut. Mit seinen markanten hohen Spitzbogenfenstern – ganz im Einklang mit dem neogotischen Turm- und Querschiffanbau der gegenüberliegenden Dorfkirche – sucht es im Havelland wohl seinesgleichen. Kaum ein Besucher vermutet beim Anblick des ungewöhnlichen Hauses, das wie eine kleine flachgestreckte Kathedrale wirkt, dass hier dereinst die königlichen Rösser stampften und beschlagen wurden. Die ehemalige Schmiede ist nun schon seit 100 Jahren weit und breit als beliebte Ausflugsgaststätte bekannt und wird bereits

Das Gotische Haus wurde einst als königliche Schmiede erbaut.

Paretz

Biergarten vor dem Gotischen Haus.

Das Schloss Paretz diente zu DDR-Zeiten als landwirtschaftliche Hochschule.

Gotisches Haus
Parkring 21
14669 Paretz
(A 10, Abfahrt Potsdam-Nord auf die B 273 nach Paretz)
033233/805 09
gotisches-haus@web.de
täglich ab 11.00 Uhr
Montag Ruhetag
Inhaberin: Michaela Rottmann

in der vierten Generation in Familienbesitz geführt. Nur ein paar Requisiten, Pferdehalfter und Hufeisen erinnern in dem gemütlichen, in dunklem Holz gehaltenen Schmiederestaurant (60 Plätze) an die frühere Funktion des Gebäudes. Der Saal (70 Plätze) wird gern für Festlichkeiten aller Art, Tanzveranstaltungen und Faschingsbälle genutzt.

Wie zu Luisens Zeiten ist ländlich-schlichte Gastlichkeit Trumpf. In den Räumen der gotischen Schänke und seinem malerischen Hofgarten (120 Plätze) unter hohen Kastanien mit Blick auf Schloss und Kirche wird nach altmärkischer Gepflogenheit getafelt, deftig und bodenständig mit frischem Fisch aus der Havel und Wildbret aus dem nahen Revier. Die nach Art des Hauses zubereitete Schleie blau zum Beispiel mit Meerrettichcrème, Kräuterbutter und Petersilienkartoffeln gilt als gefragter Leckerbissen. Und was kaum ein Liebhaber süßer Sachen versäumt: den Zupfkuchen nach einem „Geheimrezept" von Königin Luise – ein Backwerk auf Schokoladenboden mit Quarkaufsatz und Sahnehäubchen.

Das Schloss, zu DDR-Zeiten als landwirtschaftliche Hochschule und Institutsgebäude für Tierzucht genutzt, wurde in den letzten Jahren umfassend restauriert und als Museum eingerichtet. Der Besucher erhält Einblick in die Zeit des Klassizismus um 1800 und die Lebens- und Wohnwelt des königlichen Paares. Ein Glanzstück der Arbeit der Schlossrestauratoren und bewundert von Kennern: die berühmten Papiertapeten, bemalt und bedruckt mit floralen und exotischen Motiven. Und stets lockt das Gotische Haus vor oder nach erlebnisreichem Ausflug in und um das Haveldorf zur Einkehr am „Herdfeuer", das längst schon das einstige „Schmiedefeuer" abgelöst hat.

Potsdam/Havelland

Blaudruckhaus

Brandenburg

Der eher brüchige äußere Charme des barocken Bürgerhauses lässt wohl kaum den Schatz vermuten, den seine Mauern im Innern bergen. Sind hier doch zwei uralte Gewerbe eine besonders innige Verbindung eingegangen: der Blaudruck – eine in der Mark Brandenburg mit ihren ausgedehnten Leinfeldern wie auch in anderen europäischen Ländern seit Jahrhunderten angewandte Technik zur Veredelung von Stoffen – und das Gastgewerbe. Jeden Winkel des Hauses zieren die indigoblauen, reich ornamentierten Textilien und was zu ihrer Herstellung gehört. Die eigene Werkstatt mit Verkaufsraum, der Flur mit musealen Nähmaschinen und natürlich das Café selbst sind über und über mit Blaudruckaccessoires, mit Wandbehängen und textilen Bild- und Schriftmotiven geschmückt. Der Gast sitzt gemütlich an Nähmaschinentischen, geziert natürlich auch mit Blaudruckdecken und -servietten, und genießt zugleich Köstlichkeiten einer sehr bodenständigen Brandenburger Küche – allen voran die hausgebackenen Kuchen und phantasievollen Kaffeekreationen. Die Speisekarte offeriert gute deutsche Küche vom Würzfleisch bis zum Wildbraten und auch manches Schmäckerchen als kleine Referenz an die Eigenart des Hauses: die „Blaudruck-Patchwork-Suppe" zum Beispiel, hinter der sich ein kräftiger Kesselgulasch verbirgt.

Zur Liaison von Blaudruck und Gastwirtschaft in dem altehrwürdigen Haus, das 1730 für den damaligen Bürgermeister gebaut wurde, kam es erst vor gut 20 Jahren. Die „Blaudruck-Wirtin" Frau Schmid-Thielemann, selbst eine international renommierte Blaudruckerin, die eigene Modeschauen und Präsentationen veranstaltet, kam damit den Wünschen vieler Besucher ihrer Werkstatt entgegen. Diese gingen hier ein und aus, schauten ihr bei der Arbeit

Werkstatt und Verkaufsraum der „Blaudruck-Wirtin".

Blaudruckhaus in Brandenburg an der Havel.

Potsdam/Havelland

über die Schulter, kauften und bestellten. Das brauchte oft seine Zeit, machte hungrig und durstig. So entstanden das Café (20 Plätze), eine kleine Herberge mit 4 Zimmern und schließlich der Wein- und Wildkeller (30 Plätze). Dieser kam, zunächst völlig unerwartet, bei den Restaurierungs- und Fundamentierungsarbeiten in Gestalt eines 600 Jahre alten Tonnengewölbes zu Tage. Damals diente er Kaufleuten als Lagerraum. Heute ist er gefragtes gastronomisches Refugium, in dem nach Herzenslust geschmaust wird wie zu Zeiten der Gründungsväter – bei Kerzenlicht und loderndem Kamin, in gemütlicher Runde an langgestreckten Tischen auf alten Kirchenbänken. Wer beim 10-gängigen Rittermahl in historischen Gewändern oder auch beim altirischen Lamm-Menü in Schottenkleidung zwischendurch mal Luft schnappen möchte, kann über eine Kirchenkanzel im Raum in den malerischen Hof steigen – zugegeben ein etwas unkonventioneller Weg. Wildspezialitäten – vom Schwarzkittel über Muffel bis zu Reh und Hirsch – sind besonders beliebte „Kellerkost", zu der auch ein selbst gekelterter Met aus Trinkhörnern genossen werden kann.

Mitten in der barocken Neustadt Brandenburgs, zwischen dem mittelalterlichen Steintorturm und der gotischen St. Katharinenkirche gelegen, schlägt das Haus gleichsam auf gastlich-sympathische Weise eine Brücke zwischen den Zeitläuften der alten Havelmetropole und ihren Sehenswürdigkeiten zum Beispiel der dreischiffigen Pfeilerbasilika Sankt Peter und Paul (Dommuseum) oder dem spätgotischen Rathaus mit der fünf Meter hohen Rolandsfigur. An beiden Havelseen, Breitlingsee und Beetzsee, finden Wassersportler und Angelfreunde ihr Dorado. Im Beetzsee ertrank aber auch der Barbier Fritze Bollmann, der mit einem Gläschen zuviel „angeln wollte" und dessen Moritat wohl jeder Berliner und Brandenburger kennt und singt. Der Fritze Bollmann-Brunnen in der Stadt ist ihm gewidmet. Nicht zuletzt erinnert das Blaudruckcafé selbst an die heimische Tradition der Tuchherstellung, mit der die alte Handelsstadt im 14. und 15. Jahrhundert zu Wohlstand gelangt ist.

Café-Stube im Blaudruckhaus.

Wein- und Wildkeller in einem 600 Jahre alten Tonnengewölbe.

Blaudruckhaus
Steinstraße 21
14776 Brandenburg/Havel
🚗 (A 10, Abfahrt Kreuz Werder, weiter auf A 2, Abfahrt Brandenburg auf die B 102 Richtung Stadt)
☎ 03381/22 57 34
📠 03381/52 42 22
🌐 www.brandeblue@t-online.de
🕐 Pension durchgehend, Café täglich ab 7.00 Uhr, Weinkeller ab 18.00 Uhr und nach Vereinbarung
Inhaberin: Angelika Schmid-Thielemann

Zum 1. Flieger

Stölln

Manche bekannte Einkehrstätte ist nicht so sehr durch ihren Gastwirt oder Namensgeber als viel mehr durch ihre Besucher zu Berühmtheit gelangt. Der Weimarer Weiße Schwan zum Beispiel, in dem Goethe Stammgast war, oder Berlins Letzte Instanz, in der Heinrich Zille regelmäßig seine Molle trank.

So verhält es sich mit dem Gasthof Zum 1. Flieger in Stölln. Mitte des 19. Jahrhunderts war es noch der Krüger-Krug - benannt nach seinem ersten Gastwirt. In die Geschichte eingegangen aber ist das Haus mit dem Mann, den man als den „märkischen Ikarus" verehrt: Otto von Lilienthal (1848–1896), jenen „Ersten Flieger", der die Menschheit ihrem ewigen Traum vom Vogelflug ein Stück näher brachte. Hier in Stölln, vom Gollenberg aus mit seiner idealen Thermik unternahm er in den Jahren 1893–1896 mit selbstgebauten Flugapparaten, den heutigen Drachenseglern ähnlich, erfolgreiche Flugversuche in 15 bis 20 Metern Höhe und bis zu 350 Metern Weite. Der Landgasthof war ihm dabei jahrelang willkommene Heimstatt. Bei Minna Herms, der Urgroßmutter der heutigen Gastwirtsfamilie, fühlte er sich zu Hause, wurde umsorgt und betreut. Ja, in den Scheunen konnte er sogar seine Flugapparate einlagern. So wurde ein einfacher Dorfkrug zum ersten Hangar der Welt. Heute ist er aber auch eine Stätte der Erinnerung an die letzten Stunden des Pioniers der Luftfahrt, der nach seinem tragischen Absturz am 9. August 1896 an einem Halswirbelbruch verstarb.

Nicht nur die Gedenktafel an dem Landgasthof erinnert an einen Großen der Fluggeschichte. Lilienthal ist hier allgegenwärtig – in den Räumen und in vielfältigen originalen Erinnerungsstücken. Im Saal des Gasthofs (bis zu 100 Plätze) können der Nachbau eines seiner Flugapparate wie auch zahlreiche Patente des begabten Erfinders und Inhabers einer Berliner Maschinenfabrik bewundert werden. Hier treffen sich oft Segelflieger, Piloten, flugbegeisterte

Gasthaus und Hotel in Stölln erinnern an den Flugpionier Otto von Lilienthal.

Stölln

Die „Bruchlandung" ist eine Spezialität des Lokals: hausgemachte Schweinesülze mit Bratkartoffeln.

Gäste aus vielen Ländern etwa zu den jährlichen Otto-Lilienthal-Tagen in der ersten Augustwoche mit Flugvorführungen, Ballonfahrten und Drachenflügen. Auch in den beiden gemütlichen Gasträumen (je 20 Plätze), der Bauernstube und dem Lilienthalzimmer – der ehemals „guten Stube" von Minna Herms –, erzählen Fotos, Zeichnungen und Dokumente von der Pionierzeit des Fliegens. Selbst die Speise- und Getränkekarte erweist dem einstigen berühmten Hausgast Referenz – sehr zum Vergnügen der vielen Besucher des Gasthofs. Was Wirtin Minna dazumal für den Flieger kochte, ist auch heute noch heiß begehrt: sein Leibgericht „Krautgulasch vom Landschwein mit Semmelknödeln" zum Beispiel oder eine ordentliche „Bruchlandung": hausgemachte Schweinesülze mit Bratkartoffeln. Weniger auf Sciencefiction als auf gutes märkisches Wildbret verweisen die „Fliegenden Untertassen": Wildschweinrückensteaks zu Wirsingrahm und Kroketten. Wie übrigens alle Produkte und Zutaten an Herd und Pfanne von Bauernhöfen, Fischern und Jägern aus dem Rhinower Land kommen. Eine wohltuende Atmosphäre familiärer Betreuung, wie sie schon Otto von Lilienthal empfunden haben mag, umgibt den Gast.

Gut beraten war die Gastwirtsfamilie Krumrey, als sie in den neunziger Jahren im früheren Heuboden ein kleines Hotel mit zehn Komfortzimmern im behaglichen Landhausstil einrichtete. Die Logiergäste erleben bei Wanderungen, Kremserfahrten und Reittouren die Landschaft des Westhavellands, des größten Brandenburger Naturparks, und sein Ländchen Rhinow mit typischen märkischen Dörfern und Bauerngehöften, alten Feldsteinkirchen, Burgen und Schlössern. Im größten Gestüt Deutschlands in Neustadt/Dosse mit Kutschenmuseum werden sie vielleicht Zeuge einer der eindrucksvollen Hengstparaden. Das Heimatmuseum in Großderschau ein Stück nordwestlich von Stölln erzählt von der Kultivierung des Rhinluchs und Dossebruchs im 18. Jahrhundert. Und natürlich stößt man immer wieder auf Lilienthal und sein Lebenswerk in und um Stölln. Seine „Flugjünger" nutzen den ältesten Flugplatz der Welt auch heute noch als Segelfluggelände. Die „Lady Agnes" – eine ausrangierte IL 62 – ist viel besuchte Lilienthal-Gedenkstätte und Standesamt zugleich.

Zum 1. Flieger
Otto-Lilienthal-Straße 7
14728 Stölln
(A 10, Berliner Ring, Abfahrt Berlin-Spandau auf die B 5 über Nauen, Friesack nach Stölln)
☎ 033875/300 00
📠 033875/300 20
🌐 www.zum-ersten-flieger.de
✉ gasthof@zum-ersten-flieger.de
Hotel durchgehend
Restauration täglich ab 11.00 Uhr
Betriebsferien 2.1. bis 18.1.
Inhaber: Claus Krumrey

Ritterhof

Kampehl

Eine Mumie ist's, die Schaulustige von überall her nach Kampehl zieht und die kleine Prignitzgemeinde weithin bekannt gemacht hat: die des Ritters Christian Friedrich von Kahlebutz. Fast unversehrt ruht sie nun schon bald 300 Jahre in der Gruft der kleinen Wehrkirche des Ortes, ohne dass sie wie zu Pharaos oder auch noch zu Lenins Zeiten einbalsamiert worden wäre. Da die Wissenschaft bis heute keine Erklärung dafür findet, muss die Legende herhalten. Und die besagt: Kahlebutz war ein schnöder Mordgeselle. Einer seiner Untergebenen, ein Schäfer aus Bückwitz, war sein Opfer, weil dieser dem Gutsherrn das Recht der ersten Nacht mit seiner Auserwählten verweigert hatte. Vor Gericht schwor Kahlebutz den „Reinigungseid" und fügte sinnigerweise hinzu: „Bin ich es doch gewesen, dann soll mein Leichnam im Grab keine Ruhe finden und niemals verwesen."

Vergessen kann man den „schrecklichen Anblick" bei einer Einkehr im Ritterhof mit Töpferhof und kleinem Landhotel, der in den neunziger Jahren in einer Dorfbrache mitten im Ort aus einer alten Scheunenanlage entstand. Auf alten Grundmauern steht ein malerisches Anwesen, gebaut im Stil märkischer Bauernhäuser mit Fachwerk und felsgemauertem Untergeschoss, Rundbogenfenstern und -türen. Als ausgesprochenes architektonisches Schmuckstück empfängt der Rittersaal (130 Plätze) seine Gäste, die dort in einem urigen Ambiente speisen können: unter preußischer Kappendecke und dunklem Balkenwerk, mit Lampen in Gestalt von Wagenrädern und Fackelleuchten an den Mauerwänden und inmitten von Ritterrüstungen, Schwertern und Spießen. So ist hier auch der rechte Ort für eine Reise ins Mittelalter, zu der der „Großmeister des Kampehler Ritterordens" von Zeit zu Zeit einlädt. Hofmusi-

Landhotel und Restaurant entstanden aus einer alten Scheune.

Die Ritterbutze.

Kampehl

Töpferrestaurant und -café liegen gleich gegenüber.

kanten, Knappen und Burgfräulein, Hofschmiede und allen voran Mundschenke veranstalten dann ein vergnügliches Spektakel. Die Tische biegen sich unter der Last all der Schlemmereien einer naturverbundenen märkischen Küche, die hier tonangebend ist: vom gebackenen Schwein und Truthahn, herzhaften Kasslerspeer auf Sauerkraut über heiße Blut- und Leberwurst, Kartoffelsalat, Butzenbrat- und Stampfkartoffeln, sauer eingelegten Brathering bis zu Gemüse und Früchten der Saison: Spargel und Pfifferlingen, Erd- und Waldbeeren. Wenn dann die Humpen mit Frischgezapftem und rotem Landwein kreisen und die Mauern widerhallen vom Gesang „Ja so warn's die alten Rittersleut'", würde der alte Kahlebutz wohl gern aus seiner Gruft steigen, um beim Höhepunkt des Abends, dem Ritterschlag, das „Zepter zu führen".

Hingegen ganz gegenwärtig und ebenso höchst angenehm verweilen die Gäste in der Ritterbutze (35 Plätze) – einem anheimelnd gestalteten Dorfkrug – sowie im Töpferrestaurant und -café (55 Plätze), in dem sich alles „um die Töpferscheibe dreht" und das mit allerlei Keramik dekoriert ist. An schönen Tagen genießt der Besucher die urwüchsige dörfliche Idylle auf der Gartenterrasse am Froschteich (60 Plätze) oder im Grill- und Biergarten (60 Plätze) – mit Blick auf die kleine Feldsteinkirche sowie auf Koppeln und Weiden.

Der Ritterhof empfiehlt sich mit seinem Landhotel, das über zehn komfortable Gästezimmer und drei Ferienwohnungen verfügt, auch für einen längeren erlebnisreichen Aufenthalt. Den kann man zu einem Ausflug zur 900-jährigen Plattenburg bei Kletzke in der Westprignitz nutzen, der ältesten und best-erhaltenen Wasserburg Norddeutschlands mit ihrem Restaurant Burgkeller in einem imposanten uralten Kreuzgewölbe unter einer barocken Kapelle. Nicht zu vergessen auch der Gasthof Zum alten Quitzow in Kletzke. Mit einer fast 600-jährigen Gastwirtstradition zählt er zu den ältesten in der Mark und hat die jahrhundertelange Herrschaft der Quitzows, die später als Raubritter gefürchtet waren, bei weitem überdauert.

Ritterhof
Dorfstraße 24
16845 Neustadt/Dosse, Ortsteil Kampehl
🚗 (A 24, Abfahrt Neuruppin auf die B 167 nach Kampehl)
☎ 033970/138 54 oder 135 35
📠 033970/157 50 und 139 36
💻 www.ritterbutze.de
✉ ritterbutze@t-online.de
🕐 Herberge durchgehend
Restauration täglich ab 10.00 Uhr
Inhaber: Familien Kort & Penno

Rittersaal im Ritterhof.

Schlosshotel Deutsches Haus

Rheinsberg

Der zwar leicht ironisch gemeinte Prospekt-Anspruch des Hauses, den Gästen alles zu bieten nur die Zugspitze nicht, ist gleichwohl ein bisschen gewagt. Doch auch wenn wir uns auf hiesiges Terrain bescheiden – ein bleibendes Erlebnis ist Rheinsberg allemal. Da ist die Ruppiner Schweiz mit ihren Seen, Hügelketten und Wäldern. Da ist das immer noch ein wenig verträumte Städtchen, das Kurt Tucholsky in seiner anrührenden Romanze von Claire und Wölfchen im „Bilderbuch für Verliebte" literarisch verewigt hat. Und da ist vor allem das Rheinsberger Schloss, der Musenhof der Preußenkönige, die von Knobelsdorff 1734 bis 1740 geschaffene barocke Dreiflügelanlage mit dem sie umgebenden englischen Park. Zuerst vier Jahre Wohnsitz von Kronprinz Friedrich, dem späteren „Friedrich dem Großen", dann Residenz seines 14 Jahre jüngeren Bruders Heinrich bis zu dessen Tod 1802, war das Schloss stets auch eine Stätte der schönen Künste, von den königlichen Hausherren gepflegt und gefördert. Die heutigen Veranstaltungen der Rheinsberger Kammeroper und der Musikakademie stehen ganz in solcher Tradition. Und auch die Kurt-Tucholsky-Gedenkstätte im Schloss, die die Erinnerung an Leben und Werk des Schriftstellers und Pazifisten (1890–1935) wach hält, beruft sich darauf.

Deutsches Haus.

Doch was wäre Rheinsberg ohne seine Gastlichkeit. Ein Name steht stellvertretend dafür: das Schlosshotel Deutsches Haus. In Titel und Gestalt macht es seinen Anspruch deutlich, friederizianische Noblesse mit klassizistischer Tradition einer Rheinsberger Stadtvilla des vorigen Jahrhunderts zu verbinden. Die Liaison ist in den neunziger Jahren trefflich gelungen – mit dem aufwendigen Um- und Ausbau der ehemaligen HO-Gaststätte zum Schlosshotel. Es steht auf uralten Fundamenten. Vor 600 Jahren als Umspannstation für Pferdefuhrwerke errichtet, machte das Gebäude zu Friedrichs Zeiten dem von Knobelsdorff gestaltete königliche Gästehaus Platz. Daran erinnert das histo-

Fontanezimmer.

Historisches Schlossrestaurant.

Rheinsberg

Das Gourmet-Restaurant verbindet traditionelle Speisen aus der Region mit internationaler Küche.

Schloss Rheinsberg.

Bar im Deutschen Haus.

Schlosshotel Deutsches Haus
Seestraße 13
16831 Rheinsberg
🚗 (A 24, Abfahrt Neuruppin oder Wittstock nach Rheinsberg)
☎ 033931/390 59
📠 033931/390 63
🖥 www.schlosshotel-deutsches-haus.de
✉ schloss.hotel@t-online.de
🕐 Hotel durchgehend
Restauration täglich ab 11.00 Uhr
Inhaber: Peter Baumberger

rische Schlossrestaurant (40 Plätze) mit originalen Säulenkapitellen und Stuckbögen, goldenen Spiegeln, Lüstern und Marmortischen. Ein Flair bürgerlicher Wohlhabenheit hingegen verbreitet das Gourmet-Restaurant (50 Plätze), und im lichtdurchfluteten Atrium, dem Café (15 Plätze), erwartet den Gast eine kleine Oase mit üppigem Grün und Springbrunnen aus Steinen der alten Stadtmauer. Die architektonischen Übergänge im Haus sind kontrastreich und fließend zugleich bis hin zur Stadtterrasse (50 Plätze) mit schöner Aussicht auf Markt und Schloss.

Romantische Gemütlichkeit prägt auch die 28 Gästezimmer, Suiten und Appartements. Ungewöhnlich in Schnitt und Ausstattung, zum Teil mit Atrien und Gaubenfenstern versehen, ist die Liebe zum originalen Detail bis hin zum handgeknüpften Teppich oder der verschiedenfarbig gemusterten Tapete überall spürbar. Zum selbstverständlichen gastlichen Komfort gehören Bad/Dusche, WC, TV, Telefon und Minibar ebenso wie Sauna und Solarium, Whirlpool und Fitnessbereich. Großen und kleinen Festen, Tagungen und Seminaren bieten Salons für 10 bis 45 Personen einen stilvollen Rahmen.

Zu danken ist die Erneuerung des Hauses dem aus der Uckermark stammenden Peter Baumberger. Wenngleich ein „Seiteneinsteiger" in der Branche, ist vielleicht gerade deswegen Erfolg für ihn längst kein Fremdwort mehr. Der Chefkoch – Mitglied der Nationalmannschaft – verbindet Traditionsreiches und stets Frisches aus der Region mit der internationalen Nouvelle Cuisine zu phantasievollen Gerichten. Märkische Rustikalität an Herd und Pfanne wird dabei besonders gepflegt. Dies geschieht zum Beispiel beim „König Friedrich-Menü" oder „Prinz Heinrich-Menü", die ganz in der Tradition einer sehr bodenständigen, deftigen und gewürzreichen Küche stehen, wie sie am preußischen Hofe üblich war. Berühmt ist das Haus für seinen Weinkeller, in dem fast 500 verschiedene Weine lagern. Sein Sommelier kann sich mit fünf goldenen Weinflaschen von „Fürst Metternich", einer der höchsten Auszeichnungen unter Weinkennern, rühmen.

Boltenmühle

Gühlen-Glienicke

Kein Geringerer als Kronprinz Friedrich, der spätere »Alte Fritz«, ließ sich zu dem ganz und gar unköniglichen Geständnis hinreißen: »Wahrlich, wenn ich nicht Herr von Rheinsberg wäre, möchte ich Müller von Boltenmühle sein.« Errichtet wurde sie 1718 direkt am Tornowsee in der Ruppiner Schweiz auf Geheiss seines Vaters, des »Soldatenkönigs«, als Schneidemühle. Der erste Besitzer Joachim Boldte aus Rathenow gab ihr den Namen. Wenngleich er von seinem König noch Fischerei- und Weiderechte erhielt, liefen die Geschäfte in jenen unruhigen und kriegerischen Zeiten schlecht. Zwangsversteigerung und häufiger Besitzerwechsel waren die Folge, bis der Mühlenbetrieb schließlich völlig zum Erliegen kam. Dafür erstand die Boltenmühle in den dreißiger Jahren des 20. Jahrhunderts als »Heim für Ausflügler und Erholungssuchende« neu und wurde bis zum Ende der DDR zu einer beliebten Ausflugsstätte. Nach einem verheerenden Brand 1992 – der Brandstifter ist bis heute nicht gefasst – wurde die Mühle dank der Initiative des Neuruppiner Bauunternehmers Ullrich Kaatzsch in weniger als einem halben Jahr getreu dem historischen Vorbild auf den alten Grundmauern neu errichtet.

Seit Pfingsten 1996 ist das ehrwürdige Mühlengehöft wieder Anziehungspunkt für viele Besucher von nah und fern. Hier können sie Natur mit allen Sinnen erleben – begleitet vom Klipp-Klapp-Gesang des Mühlrads mit über vier Metern Durchmesser am rauschenden Binenbach. Der fließt sogar »in Miniaturausgabe« über eine Felswand durch den Mühlengastraum (120 Plätze). Ob in der urgemütlichen Schänke mit rustikalem Mobiliar, alten Mühlenutensilien und holzgeschnitzten Sagenfiguren, im darüberliegenden oberen

Auf alten Grundmauern neu errichtet: die Boltenmühle.

Gühlen-Glienicke

Eine Miniaturausgabe des Mühlenbaches fließt durch den Gastraum.

Gemütliche Schänke mit rustikalem Mobiliar und Mühlenutensilien.

Boltenmühle
16818 Gühlen-Glienicke
🚗 (A 24, Abfahrt Neuruppin-Süd, Landstraße nach Gühlen-Glienicke zur Boltenmühle)
☎ 033929/705 00
📠 033929/701 03
🌐 www.boltenmuehle.de
✉ info@boltenmuehle.de
🕐 Hotel durchgehend
Restauration täglich ab 10.00 Uhr
(Januar/Februar mit kl. Einschränkungen)
Inhaber: Dr. Ullrich Kaatzsch
Geschäftsführer: Frank Grothe

Restaurant für besondere Gesellig- und Festlichkeiten (120 Plätze) oder auf der Freiterrasse (300 Plätze) – Mühlenbach und -rad sind allgegenwärtig. Ebenso wie die Gastlichkeit der heutigen Mühlenköche, die ihre Besucher nach allen Regeln der Kunst verwöhnen. Ganz besonders mit einer bodenständigen märkischen Küche, die ihre Zutaten gewissermaßen »vor der Haustür« bezieht – ob frischen Fisch aus dem Tornow-See, Wildbret aus den nahen Wäldern oder Gemüse und Kräuter von umliegenden Beeten, Feldern und Höfen. So ist die saftig gedünstete Forelle an feinem Kaisergemüse ein Renner auf der Speisekarte, nicht minder die geschmorte Hirschkalbskeule zu hausgemachtem Kartoffelsalat. Und so mancher Gast lässt sich gern »behexen« von einer »Boltenmühler Hexenplatte« mit allerlei Fleisch- und Kartoffelspezialitäten. Vielleicht erscheint ihm dann sogar beim allzu reichlichen Genuss des »Hexenfeuers«, eines eigens hier ausgeschenkten 50-prozentigen Kräuterschnapses, die »Hexe von Boltenmühle«, die hier seit Urzeiten als verwunschene geldgierige Müllerin ihr Unwesen treiben soll.

Die Erbauer der neuen/alten Mühle waren gut beraten, vis-à-vis einen zweistöckigen Fachwerkbau als Bettenhaus zu errichten. In seinen 30 Appartements, Einzel- und Doppelzimmern, im Landhausstil gestaltet und mit allen Annehmlichkeiten versehen, kann sich der Gast wohl fühlen. Bringt er Zeit nicht nur für ein paar Stunden mit, kann er von hier aus die Ruppiner Schweiz mit ihrer Seenkette, den Tornow-See, den Kalksee, den Molchow-, Teetzen- oder den Zermützelsee erkunden. Zugleich ist die Boltenmühle der ideale Ausgangspunkt für einen Abstecher nach Neuruppin. Hier wurden der preußische Baumeister Karl Friedrich Schinkel (1781–1841) und der Romancier Theodor Fontane (1819–1898) geboren. Weltbekannt machte die Stadt auch der „Neuruppiner Bilderbogen", die erste farbillustrierte „Zeitung", von der zwischen 1810 und 1934 etwa 22 000 bunte Bildmotive mit Alltagsszenen rund um den Globus gingen.

Fontanehaus

Neuglobsow

Er gab Fontanes berühmtem letzten Roman den Namen: Der Stechlinsee nördlich Berlins, unweit von Rheinsberg gelegen. Das Wort „Stechlin" stammt aus dem Slawischen, wonach „Steklo" so viel wie Glas bedeutet. Wenn Theodor Fontane bei seinen Wanderungen durch die Mark den von ihm so gepriesenen See und den Menzer Forst aufsuchte, dann übernachtete er im Alten Dorfkrug. Er ist das heutige Fontanehaus, ein hell getünchter, schlichter Fachwerkbau. Die einstige Glasmacherschänke, deren Ursprung sich urkundlich auf das Jahr 1779 zurückverfolgen lässt, entwickelte sich mit der Stillegung der Glasöfen im 19. Jahrhundert und dem zunehmenden Fremdenverkehr zu einer mehrfach umgebauten und erweiterten Gastwirtschaft. Angelockt vom sagenumwobenen Stechlinsee, zu dem vom Haus aus ein romantischer Weg durch hohen Kiefernwald führt, und von Fontanes Landschaftsschilderungen finden hier jährlich viele tausend Gäste Entspannung in der Natur, dazu Gaumenfreuden in der gemütlichen reizvollen Gaststätte mit ihren beiden kleinen Räumen (70 Plätze). Die niedrigen Decken, blankgescheuerten Dielen und Lehmwände, zum Teil nur holzverkleidet und die Theke mit der kunstvoll verzierten Keramikschanksäule verrät die uralte Schanktradition des Hauses. Bei schönem Wetter genießt der Gast den Aufenthalt in einem Bier- und Weingarten (50 Plätze) unter einer uralten Linde.

Ganz oben auf der Speisekarte stehen Fisch aus heimischen Gewässern, Wild aus den umliegenden Forsten und schmackhafte brandenburgische Landeskost. Ob nun Hecht, Zander oder Maräne mit Kräutersoße, Kartoffeln und Salat, ob Hirschbraten mit Rotkohl und Semmelknödeln oder originaler Brandenburger Linseneintopf: Hier kann der Gast nach Herzenslust ganz wie zu Fontanes Zeiten und sogar nach Rezepturen des Romanciers speisen. An den

Der Stechlinsee.

Der alte Dorfkrug in Neuglobsow ist heute das Fontanehaus.

Neuglobsow

Gasträume im Fontanehaus.

Schriftsteller aus der Mark erinnert zum Beispiel der „Fontaneschmaus": eine Rinderroulade gefüllt mit Speck und Porree an Burgundersoße und Porreecanapees. Im Brandenburger Landeswettbewerb um den besten Landgasthof stand das Fontanehaus nicht zuletzt Dank solcher Kreationen schon auf dem Siegertreppchen.

Nach Fertigstellung der Pension im Jahre 1995 mit fünf Appartements und vier Doppelzimmern gewann das Haus an Attraktivität, an Gästen und Touristen. Dabei braucht der Hausherr nicht einmal gute Ratschläge für seine Besucher zu erfinden – sie prangen an den Längs- und Giebelseiten wie dieser Fontanevers: „An einem Sommermorgen / da nimm den Wanderstab, / es fallen deine Sorgen / wie Nebel von dir ab."

Fontanehaus
Fontanestraße 1
16775 Neuglobsow
🚗 (A 10, Abfahrt Birkenwerder auf die B 96 über Gransee nach Neuglobsow)
☎ 033082/649-0
📠 033082/649 21
💻 www.stechlin.de
✉ Fontanehaus@stechlin.de
🕐 Pension durchgehend, außer Monat November
Restauration täglich ab 10.30 Uhr
Oktober bis Ostern mittwochs geschlossen
Inhaber: Reinhard Schindler

Schloss Ziethen

Groß Ziethen b. Kremmen

Um Missverständnissen von vornherein vorzubeugen: Der legendäre preußische Reitergeneral Hans Joachim von Zieten, der unter Friedrich II. diente, hatte nicht hier, sondern ein Stück weiter westlich sein Landgut – in Wustrau, heute Sitz des Brandenburg-Preußen Museums. Auch ist Groß Ziethen nur ein kleines märkisches Straßendorf (vom Wendischen „Zita" = Getreide abgeleitet) und zählt nicht mehr als 250 Seelen. Dafür hat es ein berühmtes Schloss, das dereinst einem nicht minder populären preußischen Feldherrn gehörte: Fürst Gebhard Leberecht Blücher, bekannt als „Marschall Vorwärts", der sich im antinapoleonischen Befreiungskrieg bei Leipzig und Waterloo hervorgetan hat. In der Folge ging es in den fürstlichen Gemäuern weniger militärisch, dafür umso kultivierter zu, als es im letzten Drittel des 19. Jahrhunderts adliges Domizil derer von Bülow wurde. Nach DDR-Interregnum mit Kindergarten, Schule und LPG-Kulturhaus nahm in den neunziger Jahren ein Spross aus der weit verzweigten Bülow-Dynastie, der auch der aus Brandenburg stammende Satiriker, Schriftsteller und Schauspieler Loriot angehört, die Stafette wieder auf. Unter dem Zepter der Familie von Thüngen (geb. v. Bülow) öffnete das jahrhundertealte Schloss nach umfassender Restaurierung 1997 seine Tore als Hotel und Restaurant.

Seitdem ist das in einen drei Hektar großen romantischen Park eingebettete Schloss das architektonische und gastliche Markenzeichen des Ortes. Der barocke Kernbau mit den beiden später angefügten markanten Seitenflügeln im neoklassizistischen Stil zeigt sich heute wieder im leuchtenden Farbenspiel, weniger märkisch, eher mit leicht südländischem Touch. Im tiefen Respekt vor seiner Geschichte, die bis ins 14. Jahrhundert zurück reicht, ist das Haus bis ins

Schloss Ziethen gehörte dem preußischen Feldherrn Blücher.

Groß Ziethen b. Kremmen

Detail originalgetreu wiedererstanden. Das Tonnengewölbe aus jener Zeit wird heute für Festlichkeiten und Kunstausstellungen genutzt. Im Erdgeschoss befinden sich drei historische Salons, eine Bibliothek mit Buchbeständen bis zur Decke und kunstvoller schmiedeeiserner Treppe, ein Kaminzimmer sowie der Bülow-Saal (insgesamt 150 Plätze). Die angrenzende Orangerie mit ihren lichten hohen Bogen-Sprossenfenstern dient als Restaurant (60 Plätze), bei Diners bietet es über 90 Gästen Platz. Die beiden Obergeschosse sind den 30 Hotel- und Gästezimmern vorbehalten, die individuell gestaltet sind und alle modernen Annehmlichkeiten besitzen.

Historisches Tonnengewölbe.

Die stilvollen Räume von Schloss Ziethen werden von Urlaubern und Tagesgästen gern besucht und bieten sich auch für Tagungen, Empfänge und Festlichkeiten, Konzerte, Lesungen und Ausstellungen an. Die Philosophie der neuen Hausherrin verdient ungeteilten Respekt: „Wir wünschen uns", so die aus München stammende Designerin Freifrau von Thüngen, „einen Ort zu schaffen, an dem freier Gedankenaustausch von Menschen mit verschiedener Einstellung aus Kultur, Wirtschaft und Politik möglich ist und der in diesem Sinne das Zusammenwachsen von Ost und West fördern möge."

Märkischer Tradition ist auch die Küche des Hauses verpflichtet. Sie bietet ungewöhnliche Kreationen vom Kartoffeleintopf im Röstspeck, dem Fasanenfilet in Poularden-Safran-Hülle über die Schweinefiletmedaillons mit Gorgonzola gratiniert bis zu Tomatengnocchis. Der Weinkeller hält Spitzengewächse der Anbaugebiete von Saale und Unstrut, von der Elbe, aus Rheinhessen oder sogar aus Kalifornien oder Südafrika bereit.

Schloss Ziethen liegt inmitten noch weithin unberührter Natur zwischen Berlin, Potsdam und Rheinsberg. Das Niedermoorgebiet des Oberen Rhinluchs zählt zu den eindruckvollsten Kulturlandschaften Brandenburgs und ist ein Paradies für heute selten gewordene Vögel und Pflanzen, für Großtrappe, Birkhuhn, Kranich und den Storch.

Restaurant in der Orangerie.

Schloss Ziethen
16766 Groß Ziethen bei Kremmen
🚗 (A 24, Abfahrt Kremmen – Groß Ziethen)
☎ 033055/95-0
📠 033055/95 59
🖥 www.schlossziethen.de
✉ info@schlossziethen.de
🕐 Hotel durchgehend
Restaurant täglich von 12.00 bis 21.00 Uhr
Inhaberin und Leitung:
Edith Freifrau von Thüngen

Schloss Herrenstein

Gerswalde

Ein Ort der Ruhe ist das Schloss Herrenstein in Gerswalde. Es liegt unweit von Templin inmitten der Grundmoränenlandschaft der Uckermark mit ihren 300 Seen und Flüssen, sanften Hügeln, Heidegebieten, dichten Wäldern und Mooren. Der Gast muss schon ein wenig suchen, um abseits dörflicher Idylle sein Ziel zu finden. Alsbald aber zieht ihn das leicht verspielt wirkende rote Klinkerschlösschen mit Giebeln und Türmchen, großem Rondell und hoher Freitreppe an. Umgeben von mehreren schmucken Fachwerkhäusern, präsentiert sich das gastliche Ensemble wie auf einem von Bäumen und Blumenbeeten, Wiesen und Feldern umrahmten Naturtableau.

Nach umfassender und detailgetreuer Restaurierung mit einem Millionenaufwand – zu danken einer schleswig-holsteinischen Unternehmerfamilie – avancierte das in die Landesdenkmalliste Brandenburgs eingetragene Schloss zum Vier-Sterne-Quartier. Es ist Freizeit- und Sportparadies mit Schwimmen und Reiten, Tennis und Mini-Golf, Sauna und Fitnessanlagen. Es gilt als „Jungbrunnen" für professionelle Schönheits- und Gesundheitspflege mit Maniküre und Pediküre, Massagen, Tiefenwärme-Behandlungen und Wassergymnastik. Nicht zuletzt erfreut es sich als romantisches Hochzeitsdomizil eines weithin guten Rufes.

Ein langer und verschlungener Weg war es schon bis zum September 1996, als nach genau 777 Tagen das Werk vollbracht und Brandenburgs Gastronomie um eine Attraktion reicher war. Den Grundstein dafür hatte vorzeiten ein Spross des weit verzweigten Arnimschen Adelsgeschlechts gelegt: im Jahre 1755, als Otto von Arnim an hiesigem Ort ein Vorwerk mit Meierei gründete. 1821 wurde der Flecken als „Herrenstein mit 100 Seelen" erstmals urkundlich

Die Gästezimmer und Suiten sind großzügig im Landhausstil eingerichtet.

Hauptgebäude der Hotelanlage Schloss Herrenstein.

Gerswalde

Schlossrestaurant mit Wintergarten.

Schloss Herrenstein
17268 Herrenstein/Gerswalde
(A 11, Abfahrt Pfingstberg nach Gerswalde)
☎ 039887/710
📠 039887/711 75
🌐 www.herrenstein.de
✉ info@Herrenstein.de
🕐 Hotel durchgehend
Restauration täglich von 7.00 bis 24.00 Uhr
Inhaber: Familie Kisse
Pächterin: Kerstin Kramer

erwähnt. Der Herrensitz selbst, das Schloss in heutiger Gestalt, entstand Jahrzehnte später, etwa gegen Ende des 19. Jahrhunderts. Spekulationsschulden und häufiger Besitzerwechsel setzten ihm arg zu, Schule, Flüchtlingslager nach Kriegsende und Wohnheim waren weitere Stationen bis in die letzten DDR-Jahre.

Die vielfältigen Erlebnisbereiche, die das Schlosshotel heute bietet, haben es binnen kurzer Zeit zu einer gefragten Adresse landes- und bundesweit gemacht. In den 54 Gästezimmern, Suiten und Ferienwohnungen mit Terrassen und Balkonen, mit Stilmöbeln im Landhausambiente und ausgestattet mit bestem zeitgenössischen Komfort, weiß sich der Gast gut aufgehoben. Zwei Salons (80/18 Plätze) in verhaltener Eleganz bieten Raum für Festlichkeiten und Feiern im Freundes- oder Familienkreis. Im Schlossrestaurant mit Wintergarten (80 Plätze) im Souterrain, durch dessen bis zum Fußboden reichende hohe Fenster der Blick auf Park und Wiesen fällt, lässt die Speise- und Getränkekarte keinen Wunsch offen. Gut bürgerlich-deutsche Küche wie auch uckermärkische Spezialitäten sind angesagt. Wie wär's mit einer „Hertlich Nudelsupp", übersetzt aus dem Uckermärker Platt mit „herzhafte Kartoffelsuppe", oder einer „Kookten Ossenbrost" – gekochter Ochsenbrust mit scharfer Meerrettichsoße und „Wruken" (Gemüse)? Aus dem Umland kommen Schwarzkittel, Damwild und Hirsch, Regenbogenforelle und Wels auf den Tisch. Aus der hauseigenen Konditorei stammen Süßspeisen wie ofenwarmer Blechkuchen, und der gut sortierte Weinkeller bietet edle Tropfen aus deutschen und anderen Landen.

Ideal geeignet ist der Standort des Schlosshotels für Ausflüge in die nähere Umgebung – so zum Literaturmuseum Ehm Welk in Angermünde oder dem Hans-Fallada-Haus in Carwitz, zum Flößermuseum in Lychen mit Floßfahrten oder zur Klostermühle in Boizenburg.

Wallenstein

Angermünde

Wer am Markt von Angermünde in einem der ältesten Häuser, dem Restaurant Wallenstein, einkehrt, der befindet sich auf historischem Boden: Hier nahm auf dem Höhepunkt des Dreißigjährigen Krieges im Juni 1628 der mächtigste Feldherr der kaiserlichen und katholischen Liga, Albrecht von Wallenstein (1583–1634), Quartier und forderte von hier aus die Stralsunder Bürger zur Übergabe ihrer Stadt auf. Doch auch sein großer Gegenspieler, Schwedenkönig Gustav Adolf (1594–1632), weilte zeitweilig – 1631 – in Angermünde und dirigierte von hier aus die Bewegung seiner Truppen. Gebracht hat der unselige Krieg dem Land nur Tod und Verderben: von 2 000 Angermünder Einwohnern überlebte ihn nur jeder Zehnte. Wallenstein selbst, der für seinen Kaiser Mecklenburg, Holstein, Schleswig und Jütland eroberte, die Dänen vertrieb und 1632 die Schweden bei Lützen schlug, fiel schließlich selbst einem Mordanschlag aus den eigenen Reihen zum Opfer.

Glücklicherweise ergehen heute von den vielen Gästen des pittoresken roten Fachwerk-Eckhauses ganz andere Aufforderungen als seinerzeit das Wallenstein'sche Kapitulationsgebot an Stralsund, das die Speisekarte als historisches Indiz vermerkt. In den beiden Gaststuben (40 Plätze) finden sie Stunden der Entspannung und werden dabei huldvoll beäugt von spitzbärtigen Feldherren auf den Gemälden an den Wänden. Das Interieur ist den Zeiten stilvoll nachempfunden, als das Haus gut betuchten Bürgern, Kaufleuten und Handwerksmeistern als Wohnsitz diente. Der reich geschnitzte, mit farbigem

Restaurant Wallenstein am Marktplatz von Angermünde.

Uckermark

Bleiglas rundum verzierte Tresen zählt zu den eindrucksvollsten Einrichtungsgegenständen.

Küche und Keller bieten vor allem heimische Speisen und Getränke von der Bauernbrotsuppe über den Schorfheider Hirschgulasch mit Waldpilzen bis zum saftigen Filetsteak vom Aberdeen-Angus-Rind aus dem benachbarten Gut Kerkow. Nicht nur während der „Uckermärker Nudelwoche" dreht sich alles um die „Nudel", die seit 1716 hierzulande aus dem Speisezettel der Uckermärker nicht mehr wegzudenken ist und schlicht die Kartoffel meint. Die schmackhafte Knolle bereichert sogar die Getränkekarte mit dem „Angermünder Nudelschluck", einem Kartoffelschnaps, der in der ausgehöhlten Kartoffel serviert wird und so auch am besten schmeckt. Und beim Genuss eines wohltemperierten „Angermünder Ketter-Bieres" denkt der Gast wohl kaum mehr an die grausamen Ketzerprozesse, durch die die Stadt bis ins 16. Jahrhundert als „Ketter-Angermünde" bekannt war.

Mit der liebevollen, historisch detailgetreuen Restaurierung des einst dem Verfall preisgegebenen Gebäudes in den neunziger Jahren durch den Angermünder Architekten Martin Krassuski ist die historische Altstadt um ein Schmuckstück reicher geworden. Diese hat bis heute den Charme einer 750 Jahre alten Ackerbürgerstadt bewahrt – vor allem dank umfassender Sanierung in jüngster Zeit. An schönen Tagen genießt der Besucher auf der Restaurant-Terrasse (80 Plätze) den Blick auf Markt und Marienkirche, die der höchste Feldsteinturm Brandenburgs (53 Meter) und eine der imposantesten Barockorgeln des Silbermann-Schülers Johannes Wagner zieren. Ein Stadtbummel führt vorbei an schönen Fachwerkhäusern, durch romantische Höfe und Gassen bis hin zum spätbarocken Rathaus.

Das Wallenstein-Zimmer ist mit Porträts berühmter Feldherren dekoriert.

Wallenstein
Markt 23
16278 Angermünde
(A 11, Abfahrt Joachimsthal nach Angermünde)
☎ 03331/25 25 35
📠 03331/29 83 61
🖥 www.wallenstein.de
🕐 täglich ab 11.00 Uhr
Inhaber: Mike Küster

Alte Klosterschänke Chorin

Sie verheißt ihren Gästen von nah und weit, die jährlich zu Hunderttausenden nach Chorin pilgern, „Älteste Einkehr für Klosterbesucher" zu sein. Hält sie, was sie verspricht? Wenn wir einmal davon absehen, dass die frommen Zisterzienser-Brüder in ihrem Mitte des 13. Jahrhunderts errichteten Kloster Hilfebedürftigen ihren Schutz gewiss nicht versagten, so ist urkundlich verbürgt, dass im Jahre 1753 die Schmiedefamilie Wollgast das Schankrecht in dem 270 Jahre alten Fachwerkgebäude erhielt und es über Generationen – bis 1945 – innehatte. Ihr „fliegender Handel" mit Brot, Schnaps und Bier ward bald wichtiger als das funkenstiebende und schweißtreibende Schmiedehandwerk.

Seit 1863 ist der Name Alte Klosterschänke unverändert geblieben. So recht populär wurde das Haus mit dem aufkommenden Tourismus zu Beginn des 20. Jahrhunderts. Die idyllische Lage der historischen Schänke neben dem Kloster direkt am Amtsee zog bald Ausflügler in Scharen an, und namhafte Künstler und Architekten wie Max Liebermann, Joseph Roth oder die Gebrüder Taut gehörten zu ihren Stammgästen.

Die Schankwirtschaft (30 Plätze) ist mit Mobiliar und Geschirr aus den zwanziger Jahren des vorigen Jahrhunderts ausgestattet. Wie zu alten Zeiten bietet die Küche deftige märkische Kost, allen voran Fisch- und Wildspezialitäten. Hier kann der Gast unter anderem Menüs aus der Zeit Theodor Fontanes oder der Königin Luise genießen.

Historische Schmiede (oben) und Alte Klosterschänke (links).

Chorin

Beliebt sind vor allem die Menüs am Schmiedefeuer.

Gastraum der Alten Klosterschänke.

In der historischen Schmiede sind Formziegel der alten Klosteranlage verbaut.

Alte Klosterschänke
Am Amt 9
16230 Chorin
🚗 (A 11, Abfahrt Finowfurt über Eberswalde auf der B 2 nach Chorin)
☎ 033366/53 01 00
📠 033366/530 10 16
🌐 www.alte-klosterschaenke-chorin.de
✉ Kusch-Barbara@gmx.de
🕐 Restaurant täglich ab 12.00 Uhr
in den Monaten November bis April
Montag Ruhetag
Scheune am Wochenende, je nach Veranstaltungsprogramm und nach Vereinbarung
Schmiede nach Vereinbarung
Inhaber: Alexander Kusch

Zur Klosterschänke gehört die Schmiede. Aus Abrisssteinen des Klosters und aus Feldsteinen nach dem Dreißigjährigen Krieg errichtet, stellt sie den eigentlichen Ursprung der Gastronomie am Kloster Chorin dar. Hier wurde schon vor mehr als 300 Jahren den Kutschern und ihren Gästen ein zünftiger von den Mönchen gebrauter Gerstensaft ausgeschenkt, während der Schmiedegeselle die Pferde neu beschlug. Die Schmiede ist mit ihrem Kaminraum für Veranstaltungen im kleinen Kreis (10 bis 18 Personen) besonders geeignet. Beliebt und gefragt sind vor allem die „Menüs am Schmiedefeuer".

Bestandteil der Klostergastronomie ist schließlich die Scheune – ein 250 Jahre alter Fachwerkbau mit zwei Etagen. 150 Gäste finden bequem Platz, sei es nun in dem rustikalen eigentlichen Scheunenraum oder in der Tennen-Galerie. Großer Beliebtheit erfreut sich das Scheunen-Theater (Jazz, Kabarett, Chanson, Lesungen mit Musik). Dazu werden Truthahn-, Spanferkel- oder Wildschweingerichte angeboten.

Die 750 Jahre alte Klosteranlage selbst ist von einzigartigem architektonischen Reiz und gehört zu den bekanntesten Beispielen märkischer Backsteingotik. Seit Jahrzehnten zieht es jedes Jahr Zehntausende Musikbegeisterte hierher, um den Konzerten und Aufführungen des Choriner Musiksommers zu lauschen und die einzigartige Akustik im Kirchenschiff des Klosters zu genießen. Hat der Besucher des Klosters noch ein bisschen Zeit mehr mitgebracht, so kann er das Biosphärenreservat Schorfheide/Chorin – mit 1 258 Quadratkilometern Deutschlands zweitgrößtes Landschaftsschutzgebiet – erkunden. Wer es etwas exotischer mag, der kommt im Wildpark Schorfheide im benachbarten Groß Schönebeck auf seine Kosten. Dort werden Elche, Wisente, Auerochsen und sogar Wölfe gehalten. Gern leistet die Alte Klosterschänke bei der Erkundung der Umgebung „erste Hilfe": mit geführten Wanderungen oder Kremserfahrten, Schiffs- oder Schleusentouren.

Barnim

Carlsburg

Falkenberg

Das Bergrestaurant Carlsburg in Falkenberg liegt auf dem steil aufragenden 100 Meter hohen Paschenberg. Schon Theodor Fontane schwärmte von dem 1824 durch den seinerzeitigen Gutsherrn von Cöthen und Namensgeber Carl Friedrich von Jena erbauten Jagdschlösschen als einem „heiteren, villenartigen Gebäude, das in die Oderlandschaft hinein blickt", über die „Schluchten, Dächer und Türme des Dorfes Falkenberg hinweg". Und so ist wohl der Name „Burg" weniger der Architektur, sondern mehr dem exponierten Standort des eher anmutigen Gebäudes geschuldet. Vielleicht gerade deshalb aber hat es seit je Literaten, Künstler, Musiker angeregt. So hat es keinen Geringeren als den Berliner Komponisten und Kapellmeister Paul Lincke, der zur Sommerfrische oft in Falkenberg weilte, zu seinem Evergreen „Schlösser, die im Monde liegen" inspiriert.

Lange konnte sich der adlige, früh verstorbene Schlossbesitzer Carl Friedrich von Jena an seinem Bergparadies nicht erfreuen. Bereits 1838 wurde die Carlsburg zur Gastwirtschaft umgestaltet. Seitdem genoss sie all die Jahre und Jahrzehnte eine ungebrochene Popularität, hat sie sommers wie winters Ausflügler und Urlauber angelockt bis in die DDR-Zeit, als sie HO-Gaststätte war. Anfang der neunziger Jahre wurde das Haus in Regie der hiesigen Familie Steinert einer dringenden „Verschönerungskur" unterzogen und im Dezember 1991 wieder eröffnet.

Der Sage nach würfelten zu Vorzeiten hier auf dem Paschenberg (Pasch = Würfelzahl) Mönch und Teufel um gerade einmal zehn Seelen. Das Mönchlein gewann und legte damit – gewiss nur in der Legende – den Grundstein für die heutigen Besucherrekorde. Denn die sind wohl einzig und allein der Gastlichkeit eines ungewöhnlichen Hauses und seinen sympathischen Wirtsleuten zu

Blick vom Paschenberg über das Oderbruch.

„Schauen – kaufen – genießen" ist die Hausdevise.

Märkisch-Oderland

Falkenberg

Gastraum im rustikalen Bergbaudenstil.

danken. Gastraum und Wintergarten (110 Plätze) im rustikalen Bergbaudenstil, mit dunklem Holz und breit umlaufender Fensterfront mit Panoramablick, laden zu gemütlichem Verweilen ein. Liebevoll plazierte kunstgewerbliche Gegenstände füllen Fensterbänke, Balken und Regale, Nischen und Ecken – zu Ostern etwa putzige Hasenfiguren aller Größe und Statur, Eier und Federvieh vom Bauernhof, zu Weihnachten „Nikoläuse", Nussknacker und Lichterengel. „Schauen – kaufen – genießen" ist die Hausdevise. Für letzteres sorgen vor allem die beiden Juniorchefs. Die alle zwei Monate wechselnde Speisekarte – von der Familie gemeinsam zusammengestellt – bietet Hausmannskost mit gehobenem Anspruch und nach eigenen nicht ganz alltäglichen Rezepten und dabei preislich moderat. Die Spanne der schmackhaften Mahlzeiten reicht von hausgemachter Wurst und Wildsülze bis zu so begehrten Gerichten wie Kasslerkammbraten in Biersoße mit Ananaskraut und Semmelknödeln oder Lammbraten in Minzsoße mit Prinzessbohnen und Petersilienkartoffeln. Die Weinkarte liest sich wie eine „Kurzreise" zu den bedeutendsten Weinanbaugebieten der Welt. Einen guten Ruf haben die Café-Spezialitäten. Alle Torten und Kuchen sind selbst gebacken, und kaum einer kann sich wohl der Verführung durch den einzigartigen Schokoladen-Nusskuchen nach Rezept der Urgroßmutter entziehen, das hier als „Familiengeheimnis" gehütet wird.

Viele Besucher kommen mit Vorliebe zu den Künstlerabenden, bei denen Musiker und Sänger, Kabarettisten und Schauspieler hier auftreten. Bei dem großen Zuspruch ist eine Reservierung allerdings empfehlenswert.

In Falkenberg kann sich der Besucher von den „Minialpen" der Märkischen Schweiz verzaubern lassen und zugleich von hier aus ins Oderbruch absteigen. Von der Restaurant-Terrasse (100 Plätze) schweift der Blick in Richtung Polen, zur Kurstadt Bad Freienwalde über die flache Endmoränenlandschaft hinüber bis zum Schiffshebewerk Niederfinow oder dem Biosphärenreservat Schorfheide.

Carlsburg
Burgstraße 9
16259 Falkenberg/Mark
(A 11, Abfahrt Finowfurt auf die B 167 über Eberswalde/Finow nach Falkenberg)
☎ 033458/205 oder 30 891
033458/30 890
www.carlsburg.de
Carlsburg@t-online.de
April bis Oktober täglich ab 11.00 Uhr
November bis März
Mittwoch bis Sonntag ab 12.00 Uhr
Inhaber: Familie Steinert

Märkisch-Oderland

Stobbermühle

Buckow

Mit dem romantischen Gasthaus Stobbermühle – eingeschlossen ein Appartement-Hotel – wird seit den neunziger Jahren an historischer Stätte die Erinnerung an eine alte Mühlentradition in Buckow wachgerufen. Die Stobbermühle ist mittlerweile ein gefragter Ort für den Tagesbesucher und Ausflügler wie für die Stammtischrunde, den romantischen Abend zu zweien oder die fröhliche Familien- und Unternehmensfeier. Mit dem hoteleigenen Standesamt und einer Hochzeitssuite bietet sie sogar die Möglichkeit hier stilvoll zu heiraten. In jedem Winkel des Hauses ist die Liebe zum Detail spürbar. Die 14 Appartements – keines gleicht dem anderen – mit Blick auf die Stobber oder den Schlosspark sind großzügig geschnitten und elegant eingerichtet. Zeitgenössischen Komfort gewähren Whirlpool und Wannenbad, SAT-TV, Telefon, Fax, Videorecorder und Safe.

Das Unverwechselbare prägt auch die beiden Galerie (60 Plätze) – rustikal die Wein- und Bierstube mit Weinschränken, dickbäuchigen Bierkrügen und Weinflaschen ringsum; erlesen-festlich dagegen das Kaminzimmer mit Rosenterrasse. Die „Königin der Blumen" gehört zum Gesamtbild des Hauses: sei es in den 300 um das Gebäude gepflanzten Rosenstöcken oder in Gemälden, Skulpturen bis zu den Rosenköpfen im schmiedeeisernen Treppengeländer. Es ist eine lieberwerte Referenz der Hausherren an Buckow, das Mitte des 19. Jahrhunderts durch seine weithin berühmte Rosenzucht sich den Namen „Rosenbuckow" verdient hat. Vervollständigt wird das gastronomische Ensemble durch das Romantik-Café und den Biergarten im Park (60 Plätze).

Trauzimmer im romantischen Hotel Stobbermühle.

Buckow

Die Restaurants bieten regionale Küche zu moderaten Preisen.

Stobbermühle
Wriezener Straße 2
15377 Buckow
🚗 (A 10, Abfahrt Hellersdorf, auf die B 1 über Müncheberg nach Buckow)
☎ 033433/668 33
📠 033433/668 44
🕐 Hotel durchgehend
Restauration täglich ab 11.00 Uhr
Inhaber: Tromcol AG
Geschäftsführer: Mike Maier-Hormann
Pächter/Betreiber: Frank Güldenpfennig, Detlev Hoffmann

Küchenchef Frank Güldenpfennig gilt als ein Koch der Extraklasse, gerühmt in manchem Feinschmeckerjournal. Kultiviert wird eine regionale Küche – mit Raffinesse und dabei zu moderaten Preisen. Die Zutaten werden aus der Umgebung bezogen, die Gartenkräuter stammen sogar aus eigenem Anbau. Bekannt ist das Haus durch seine vorzüglichen Fischgerichte. Vielleicht lässt sich der Gast beim Anblick des Kopfes eines hier gefangenen und nun präparierten Welses mit 1,78 Metern Länge und 48 Kilogramm Gewicht zu einer ausgesprochenen Hausspezialität verführen: Wels pochiert auf Lauch-Selleriegemüse mit Dijonsenfsoße und gebratenen Kartoffelscheiben, dazu ein trockener Müller-Thurgau von Saale und Unstrut. Oder er sucht sich im Hummerbecken ein Scherentier seiner Wahl aus. Wer eher Fleischspeisen bevorzugt, kann Deftiges vom märkischen Herd essen: Lammhaxe oder Rinderroulade, Bauernente oder ein schlichtes Bauernfrühstück.

Im nahe liegenden Naturschutzpark „Märkische Schweiz" findet der Besucher ein wald- und seenreiches Bergland von ungewöhnlicher Schönheit. Schon vor 150 Jahren empfahl der königliche Leibarzt seinem Herrn und Gebieter Friedrich Wilhelm IV: „Majestät, in Buckow geht die Lunge auf Samt." Seit 1929 „Bad Buckow", ist es heute staatlich anerkannter Kneipp-Kurort mit rekonstruierter Warmbadeanstalt und einer modernen Rehabilitationsklinik für onkologische Erkrankungen. Das milde Klima und die bizarre nacheiszeitliche Landschaft, Wanderungen durch Berge und Wälder, Boots- und Schifffahrten auf den fünf umliegenden Seen lassen Leib und Seele genesen. Das wussten auch Bertolt Brecht und Helene Weigel, als sie hier in den fünfziger Jahren ihren Sommerwohnsitz direkt am Schermützelsee wählten. Seit 1977 ist das Haus Museum und Gedenkstätte. Im ehemaligen Bootshaus kann der Besucher den Planwagen der „Mutter Courage" bewundern, mit dem die Weigel in Hunderten Aufführungen weltweit über die Bühne gezogen ist.

Märkisch-Oderland

Schloss Reichenow

Als letztes europäisches Zeugnis englischer Neogotik entstand das Schloss Reichenow in den Jahren 1897 bis 1900 als Herrensitz der Adelsfamilie von Eckardstein. Beim Anblick des von einem dichten Park umrahmten, über dem Langen See gelegenen Anwesens glaubt sich der Betrachter in die Zeit des englischen Königshauses der Tudors zurückversetzt. Es ist ein romantisch-verwunschen anmutendes Schloss wie aus einem Märchenbuch mit hoch aufragendem achteckigem Turm und mit einem umlaufenden Zinnenkranz bekrönt. Arg hatte der Zahn der Zeit im letzten Jahrhundert an dem malerischen Gebäude genagt, das in der DDR als Schule, Gaststätte und Wohnhaus genutzt wurde. Später hat es die Brandenburgische Schlösserverwaltung in den neunziger Jahren mit Millionenaufwand restauriert, und die beiden couragierten Schlossherrinnen Ursula Hahn und Sabine Kirstein übernahmen es als Pächterinnen. Seit 1997 präsentiert es sich wieder in alter Schönheit: als Tagungs-, Urlaubs- und Hochzeitshotel beherbergt das einstige Herrenhaus Gäste aus aller Welt.

Dabei will es sich von herkömmlichen Schlosshotels absetzen. Gepflegt wird alternative Lebensweise, die die Urwüchsigkeit der umgebenden Natur des Hohen Barnim phantasievoll und wohltuend für die Betreuung der Gäste nutzt. Hier kann man sich kosmetisch behandeln lassen und Blütenbäder genießen. So wird die Heilkraft von Wildkräutern, Gewürzen und Blumen in „Kräuter"- oder „Aromatischen Hexenseminaren", bei Massagen und Ent-

Das Schloss Reichenow ist direkt am See gelegen.

Reichenow

Restaurant Grüner Salon.

schlackungstherapien angewandt. Der Stressbewältigung dienen „Verwöhnwochenenden" oder „Wochenenden zum Träumen", eingeschlossen die aktive Erholung mit geführten Wanderungen auf dem Fontane-Wanderweg, Fahrradtouren, Körperpflege im Kosmetikstudio und Saunabereich.

Reichenow gilt als ein Schloss in Farbe. Seine Räume bestechen nicht nur durch ihre handverlesenen Antiquitäten, die im Stil des verloren gegangenen originalen Mobiliars ausgesucht wurden, sondern auch durch die hier und dort geschickt ergänzten avantgardistischen Accessoires, eigens entworfene Möbel, die blauen Teppiche oder die Gemälde von der Hand der Schlossherrin Ursula Hahn. So durchbricht der Blaue Salon – einer der drei Tagungsräume (insgesamt 60 Plätze) – in Farbgebung und Ausstattung den stereotypen Konferenzraumstil und will nicht zuletzt mit der Form der Möbel, dem wellenförmigen Konferenztisch etwa, Lockerheit und Entspannung suggerieren. Die Restaurants Grüner Salon und Gelber Salon (insgesamt 45 Plätze) mit Seeblick und Wintergarten oder auch der ganz in Terrakotta gehaltene Schlossgewölbekeller nehmen den Gast durch ihren individuellen Stil in Form und Farbe gefangen. Auch von den 22 Hotelzimmern gleicht keines dem anderen in Ausstattung und Farbgebung. Ihre Namen stehen für den Stil des jeweiligen Interieurs: ob das Zimmer der Alten Mamsell oder das Alte Herrenzimmer, das Zimmer am Turm oder das Romantikzimmer. Nur der Fernseher fehlt – dafür finden sich Bücher über Bücher im ganzen Haus. Natürlich kann, wer will, ein Fernsehgerät unentgeltlich ausleihen.

Die Küche ist regional-saisonal geprägt und orientiert sich an einer gesundheitsbewussten Ernährung. Ihre Kreationen sind oft verblüffend und äußerst schmackhaft. Dabei dominieren heimische Produkte und Kräuter: bei der Spinat-Sauerampfersuppe oder der gefüllten Roten Beete mit Petersilienwurzel-Kartoffelbrei, bei der Kräuterlammkeule an Thymianjus oder dem Lachs-Zander-Zopf an würzigem Rote-Beete-Reis. Öko-Biere und -Weine ergänzen das herkömmliche Angebot.

Schloss Reichenow
Dorfstraße 1
15345 Reichenow
(A 10, Abfahrt Berlin-Hellersdorf auf die B 1 Richtung Müncheberg/Strausberg, Abzweig Wriezen nach Reichenow)
033437/308-0
033437/308-88
www.schlossreichenow.de
schlossreichenow@schlossreichenow.de
Hotel durchgehend, Restauration Montag bis Donnerstag und Sonntag 12.00 bis 19.00 Uhr Freitag und Sonnabend 12.00 bis 21.00 Uhr
Inhaber: Brandenburgische Schlösser GmbH
Pächterinnen: Ursula Hahn, Sabine Kirstein

Hotel Schloss Neuhardenberg

Neuhardenberg

Unter Preußens Krone erhielten verdienstvolle Königsgetreue oft beachtliche Landsitze als Geschenk – so wie heute hohen Staatsdienern Orden verliehen werden. Ein solcher Ort fürstlicher Dotationen ist Neuhardenberg östlich von Berlin gelegen, etwa dort, wo die Mitte des preußischen Königreichs war und heute Europas Mitte liegt. Er spiegelt deutsche Geschichte in ihren Höhen und Tiefen wie in einem Brennglas wider. Dem preußischen Staatsmann und Reformer Fürst Carl August Freiherr von Hardenberg (1750–1822) wurde im Jahre 1814 der hiesige Herrschaftssitz von seinem König Friedrich Wilhelm III. als Dank für seine Verdienste um die Rettung der preußischen Monarchie im Kampf gegen Napoleon übereignet. Aus dem einstigen Barockschlösschen wurden nun unter Hardenberg das heutige klassizistische Schloss und der englisch inspirierte Park nach Entwürfen Schinkels und Lennés. In der dem Schloss gegenüberliegenden Schinkel-Kirche ist das Herz des Fürsten, dem „Urbanität, Grazie und Ehrgefühl" als Lebensmaximen nachgesagt werden, als Relique aufbewahrt. Das Schloss war unter Carl-Hans Graf von Hardenberg ein Treffpunkt des Widerstands der Männer des 20. Juli. Hier bereiteten Stauffenberg, Tresckow und Beck das Attentat auf Hitler vor. Sie wurden hingerichtet, allein Hardenberg überlebte.

Brennerei.

Szenenwechsel dann im „Arbeiter-und-Bauern-Staat", der für die feudalen Herren keine sonderlichen Sympathien hegte, das Schloss schlicht enteignete und es schließlich zur Kulturakademie des Bezirks Frankfurt/Oder umfunktionierte. Auch die Gemeinde Neuhardenberg wurde sozialistisch umgetauft in Marxwalde und zum Standort für den Regierungsflugplatz gemacht. 1996 erhielt dann die Familie Hardenberg ihren einstigen Besitz zurück und verkaufte ihn an den Deutschen Sparkassen- und Giroverband (DSGV). Mit ihm war glücklich der Partner gefunden, der dem geschichtsträchtigen Adelssitz eine Renaissance bescherte.

Fürst Carl August Freiherr von Hardenberg erhielt das Schloss als Dank für seine Verdienste um den Preußischen Staat.

Das zweigeschossige Schinkel-Palais im strahlenden Farbkontrast weißschiefergrau ist die architektonische Dominante in einem eindrucksvollen

Neuhardenberg

Orangerie.

Hotel Schloss Neuhardenberg
15320 Neuhardenberg
🚗 (A 12, Abfahrt Fürstenwalde über Müncheberg, Wulkow nach Neuhardenberg oder von Berlin auf die B 1, Jahnsfelde links abbiegen nach Neuhardenberg)
☎ 033476/600-0 📠 033476/600-800
🖥 www.schlossneuhardenberg.de
✉ hotel@schlossneuhardenberg.de
🕐 Hotel durchgehend
Restaurant Brennerei
Mittwoch bis Sonntag 11.00 bis 24.00 Uhr,
Restaurant Orangerie
Freitag und Samstag ab 18.00 Uhr
Sonntag 12.00 bis 15.00 Uhr
und nach Vereinbarung
🕐 Ausstellung: Dienstag bis Sonntag
11.00 bis 19.00 Uhr
Eigentümer: Deutscher Sparkassen- und Giroverband
Betreiber: Stiftung Schloss Neuhardenberg GmbH
Generalbevollmächtigter: Bernd Kauffmann
Hoteldirektor: Peter Lagies

klassizistischen Gebäudeensemble – erweitert nun um einen dem alten Baustil angepassten Hotelneubau. Es handelt es sich um eines der umfangreichsten Restaurierungsvorhaben an einem denkmalgeschützten Komplex in Deutschland. Der Standort, die reiche Historie und die großzügigen Räumlichkeiten bieten die Gewähr, dass sich Schloss Neuhardenberg zu einem international renommierten Kongress- und Kulturzentrum entwickelt mit Symposien, Tagungen und anspruchsvollen kulturellen Veranstaltungen. Ein „Ort der Ruhe" soll es sein, an dem der Gedanken- und Erfahrungsaustausch in Politik, Wirtschaft, Wissenschaft und Kultur über Ländergrenzen hinweg gepflegt wird. Die im Kavaliershaus Ost eingerichtete ständige Ausstellung „Schloss Neuhardenberg – Ein Ortstermin" hält die Erinnerung an die Geschichte der Hardenbergs und den Widerstand gegen das Hitler-Regime wach.

Die heutigen „Schlossherren" sind exzellente Gastgeber. Hotellerie und Gastronomie lassen kaum einen Wunsch offen. Die 54 Gästezimmer, ausgestattet mit allen Bequemlichkeiten, sind großzügig geschnitten. Ein Blick aus den Fenstern auf den Schlosspark mit Skulpturen und kleinem See macht Alltagsstress schnell vergessen; Wellnessbereich mit Sauna und Dampfbad tun ihr übriges.

Die Schlossküche bietet dem Hotel- wie dem Tagesgast ein delikates Angebot mit perfektem Service – vom opulenten Frühstücksbüfett über einen exquisiten Lunch bis zum stimmungsvollen Weinabend. In der Brennerei mit kleiner Galerie (80 Plätze) werden vorwiegend regionale Spezialitäten geboten – modern interpretiert. Wo ehemals Dachziegel, dann Spirituosen gebrannt wurden, genießt der Gast heute in schlichtem Ambiente von leicht preußischer Kühle Wärmendes und Herzhaftes aus dem „Suppentopf", aus „Pfanne und Schmortopf", „Feld und Garten", eingeschlossen phantasievolle vegetarische Menüs, bis zu den Spezialitäten aus der hauseigenen Patisserie: „Hardenberger Schokoladenzauber" zum Beispiel, ein Trüffel-Schokoladen- und Karamelleis mit Schokosoße und -streusel, Krokant und Sahnetupfer. Jederzeit präsent ist die gut sortierte Weinkarte und zur besseren Verdauung ein ganz eigener „Graf Hardenberg Doppelkorn". Die Orangerie (60 Plätze), dezent-vornehm eingerichtet, mit Korbmöbeln und Terrakotta-Fussböden wird als Gourmet- und Bankettrestaurant genutzt.

Blick auf den Hotelkomplex der Schlossanlage.

Parkhotel Schloss Wulkow

Wulkow

Der Standort des über 600 Jahre alten märkischen Adelssitzes könnte besser nicht sein: vor dem Haus die stillen, unübersehbaren Weiten des Oderbruchs mit ihrer einzigartigen Fauna und Flora, hinter dem Haus die hügelige Landschaft der Märkischen Schweiz mit Wäldern und Seen, Kesseln und Schluchten. Verschiedenste Adelsgeschlechter herrschten hier: die Scharpelohs, Derfflingers, Ziethens, Pannewitz' und die Brünnecks. Mit der Bodenreform in der DDR verschwand auch der Adel; das Schloss war nach dem Krieg Krankenstation, Flüchtlingsheim und schließlich Gästehaus der Pneumant-Werke.

Nach der Wende dann das „zweite Leben" des Renaissance-Schlosses: Im Juli 1994 avancierte es nach aufwendiger Restaurierung zum Vier-Sterne-Hotel. Schon die Lobby besticht durch ihr wohnliches Flair – mit großem Kamin, antikem Mobiliar, Spiegeln, Lüstern, Erinnerungsstücken und dem prachtvollen, den Treppenaufgang dominierenden hohen Rundbogenfenster mit Farbornamenten und Bildmotiven. Die 43 Einzel- und Doppelzimmer verbinden das historische Ambiente einfühlsam mit allem zeitgenössischen Komfort: Bad/Dusche, Schreibtisch, Telefon und Telefax, Color-TV und Minibar. Gäste mit schmalerem Geldbeutel finden in der Remise mit ihren 14 Landhauszimmern eine gemütliche Bleibe und ein Bett zur Nacht. Längst ist das Parkhotel zu einer gefragten gastlichen Adresse in der Mark Brandenburg aufgestiegen. Fünf stilvoll eingerichtete Salons und Banketträumen für 20 bis 130 Personen bieten den jeweils passenden Rahmen für Tagungen, Präsentationen und Festlichkeiten aller Art. Hier treffen sich Minister, Staatssekretäre und UNESCO-Mitarbeiter zu Beratungen, tagen Ämter und Vereine, finden Festbankette und Konzerte statt, feiern Familien und Freundeskreise Jubiläen,

Hotellobby mit Bar.

Wulkow

Kamin mit Restaurant Landgraf.

Wintergarten.

Parkhotel Schloss Wulkow
Hauptstraße 24
15320 Wulkow b. Neuhardenberg
(A 12, Abfahrt Fürstenwalde über Müncheberg nach Wulkow oder von Berlin auf die B 1, in Jahnsfelde links abbiegen Richtung Neuhardenberg)
☎ 033476/58-0   📠 033476/58-444
🖥 www.parkhotel-schloss-wulkow.de
✉ Schloss-Wulkow@t-online.de
⏱ Hotel durchgehend
Restauration
Montag bis Sonnabend 12.00 bis 14.00 Uhr und 18.00 bis 22.00 Uhr
Sonntag ab 11.00 Uhr (jeden Sonntag Brunch)
Inhaber: Mitteldeutsche Hotelgesellschaft mbH
Hoteldirektorin: Brunhilde Heselhaus

Geburts- und Jahrestage. Oft schon Monate voraus ausgebucht ist das Haus als Hochzeitshotel.

Natürlich lädt Wulkow auch zum kulinarischen „Streifzug" ein: sei es im festlich-elegant und in den Farben Gold und Dunkelblau gestalteten Restaurant Landgraf (50 Plätze) mit Silbergeschirr und eigens angefertigtem Tischporzellan oder im heiteren lichtdurchfluteten Wintergarten zum Park (40 Plätze). Vom First-Class-Dinner bis zu regionalen Spezialitäten, mal raffiniert verfeinert, mal deftig-bodenständig, werden vom Chefkoch und seiner Mannschaft alle Register gezogen. Die Produkte kommen vorrangig von umliegenden Bauernhöfen: Gemüse und Kräuter von Ökobauern der Region, Forelle, Aal und Zander aus Altfriedland, die hier so beliebte Oderbruchente, serviert dann als rosa gebratene Entenbrust an Portweinjus mit Kartoffelnudeln und feinem Gemüse, aus Neutrebbin. Die heimische Gurke passt am besten zu dem in der Haut gebratenen Havelzander.

Nie verlegen zeigen sich die Wirtsleute um Einfälle und Ideen, damit der Besucher Brandenburg in einem seiner reizvollsten Winkel erlebt und gern an seinen Aufenthalt auf Schloss Wulkow zurückdenkt. Die Fackelwanderungen durch den 10 000 Quadratmeter großen Park unter uralten Bäumen zum angrenzenden Ried-See mit Glühwein und Pausen-Zwiebelkuchen sind mittlerweile schon zum Ritual geworden. Angelpartien, Kremser- und Schlittenfahrten durch Wald und Heide, Wanderungen auf dem Oderkamm oder Abenteuer-Kanufahrten auf der „Alten Oder" stehen ebenso auf dem Programm wie gemütliche Kaminabende mit Feuerzangenbowle, Weinproben im Wein-Gewölbekeller, der über 80 ausgewählte Rebsorten ausweist, oder Grillabende auf der Schlossterrasse. Wer noch ein bisschen mehr für seine Kondition tun möchte, nutzt den hauseigenen Tennisplatz, Fitnessgeräte, Mountainbikes und die Sauna.

Hotel Kaisermühle

Müllrose

Zu „kaiserlichen" Weihen kamen Ortsteil und Mühle nicht durch Majestät höchstderoselbst. Nein – es war ein schlichter Müllersmann mit Namen Gore Kayser, der – urkundlich verbürgt – Mitte bis Ende des 15. Jahrhunderts Besitzer der „Bretmühle zu Melrase" war – einer Getreidemühle mit angeschlossenem Sägewerk, angetrieben vom Wasser des Schlaubeflusses. Und doch gelangte die Kaisermühle in der Folgezeit zumindest zu kurfürstlichem Ruhm – mit dem Bau des Friedrich-Wilhelm-Kanals nämlich. Hier griff der „Große Kurfürst" Friedrich Wilhelm 1662 selbst zur Schaufel und zelebrierte mit dem ersten Spatenstich den Beginn des Baus der zweitältesten künstlichen Wasserstraße Deutschlands. Auf 23 Kilometer Länge von Müllrose bis zum Brieskower See verband sie die Oder mit der Spree. Und der Ort Müllrose stieg auf zu einem Verkehrsknoten von strategischem Gewicht. Das Heimatmuseum im Ort erzählt davon.

Wie so oft in Leben und Geschichte, verlor der eine, wenn der andere gewann. Mit dem Kanalbau wurde dem Schlaubefluss buchstäblich „das Wasser abgegraben". Aus den Müllersleut' wurden Land-, zeitweilig auch Gastwirte. Und die Mühle versank im Malstrom der Zeitenläufte, bis ein junger, einheimischer Töpfermeister in den letzten DDR-Jahren das ziemlich verfallene Anwesen erwarb, den ehemaligen Rinderstall zur Töpferei umbaute und nach der Wende, gefördert vom Land Brandenburg und der Denkmalpflege, das geschichtsträchtige Haus in eine beliebte Einkehrstätte umwandelte. In der Kaisermühle kehrt seit 1997 der Wanderer ein, der im anmutigen Schlaubetal

Das idyllischem Fachwerkgebäude mit eigenem Kräutergarten direkt vor der Haustür.

Backsteintheke im Gastraum: das Bier „fließt" aus der Decke.

Müllrose

mit malerischen Seen und tiefen Talkesseln einen der verträumtesten Flecken Deutschlands entdeckt hat, ein Landschaftsschutzgebiet mit Fischreiher, Kranich und seltenen Orchideenarten. Hierher pilgern Familien mit Kind und Kegel, kommen Touristen und Urlauber auch von weit her.

Die 14 Gästezimmer erinnern in ihrer Ausstattung an die alten Zeiten. Das Mühlenrestaurant (45 Plätze) im früheren Mühlenraum bewahrt in seinem wuchtigen dunklen Gebälk und dem ziegelgemauerten Tresen noch „Bausteine" der alten Mühle in sich auf. Anheimelnd das Interieur: die Holzbänke mit den asymmetrisch gedrechselten Lehnen, die blank gescheuerten Holztische und das überall auf Regalen, in Nischen ausgestellte alte Bauerngeschirr, braunes salzglasiertes Steinzeug aus der Werkstatt des Gastwirts und Töpfermeisters. An schönen Tagen genießt der Gast auf der Hofterrasse (50 Plätze) den Blick auf den umgebenden dichten Laubwald mit den moorigen Niederungen der Schlaube.

Die Küche bietet vor allem regionale Spezialitäten: ob Fasan oder Wachtel, Rotwild oder Fisch, Gemüse oder Gewürze. Alle drei Wochen wechselt die Karte. Der Chefkoch versteht seine Kreationen als moderne junge Küche mit internationalem Einschlag und einem gehörigen Schuss Phantasie – etwa Lammbraten in Milch geschmort, dazu Aprikosen, glasierte Schwarzwurzeln und Spätzle oder Hecht auf Bärlauchsoße mit Speckwürfeln. Alle Geschmäcker kommen auf ihre Kosten – der Ernährungsbewusste mit möglichst wenig Fett ebenso wie der Vegetarier, der Liebhaber deftiger Speisen wie das Leckermaul mit Desserts aus der eigenen Patisserie. Erlesene Weine, ein wohl temperiertes Wernesgrüner Pils oder auch das hier so beliebte Klosterbräu „Schwarzer Abt" aus dem ehemaligen Zisterzienser-Kloster Neuzelle runden das Menü ab.

Stilisierte »Schlaube« als Bodenkeramik auf der Terrasse.

Sonnenzimmer im Hotel.

Hotel Kaisermühle
Forststraße 13
15299 Müllrose
(A 12, Abfahrt Müllrose durch den Ort am Bahnhof vorbei zur Kaisermühle)
☎ 033606/88-0
📠 033606/88-100
🌐 www.hotel-kaisermuehle.de
✉ info@hotel-kaisermuehle.de
🕐 Hotel durchgehend
Restauration täglich ab 11.30 Uhr
Inhaber: Hotel Kaisermühle GmbH
Geschäftsführer: Peter Mikeska

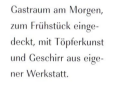

Gastraum am Morgen, zum Frühstück eingedeckt, mit Töpferkunst und Geschirr aus eigener Werkstatt.

Restaurant Café Dorsch

Bad Saarow

Gehörte das gastliche Haus am Scharmützelsee der bekannten Schauspielerin Käthe Dorsch (1890–1957)? Vor allem ältere Besucher stellen oft solche Fragen nach der vermeintlichen Namensgeberin – zumal die Wände der Gaststätte mit eigenhändig signierten Fotos von Filmgrößen vergangener Zeiten geschmückt sind: Willy Birgel und Victor de Kowa, Hans Söhnker und Hans Holt, Olga Tschechowa, immer wieder Anny Ondra mit ihrem Ehemann, dem Boxer Max Schmeling, die hier Stammgäste waren, und Harry Liedtke, der mit besagter Käthe Dorsch verheiratet war. Eines jedenfalls ist unstrittig: Von Anfang an war Café Dorsch, in den dreißiger Jahren durch den Berliner Filmregisseur Felix Wetzel erbaut, ein Mekka für Künstler und Schauspieler, von denen sich viele noch vor dem Krieg in dem mondänen Kurort niedergelassen hatten. Das blieb auch in den frühen DDR-Jahren so, als das Haus Hermann Dorsch, ein Umsiedler aus Schlesien und der nur den gleichen Namen wie besagte Schauspielerin trug, übernahm. Er war es, der den guten Ruf des bald zum Restaurant ausgebauten Cafés weit über Bad Saarows Grenzen hinaus begründete. Und immer wieder waren es auch Künstler, Schriftsteller und Theaterleute, die sich im Gästebuch verewigten: ob Johannes R. Becher, Armin Müller-Stahl oder Gerry Wolff, später Rudi Carell oder Howard Carpendale.

Heute ist Café Dorsch wieder eine gefragte Adresse in der gastronomischen Szene Brandenburgs. Nach der Wende wurde es unter der Regie der Familie Vater aufwendig um- und ausgebaut, wobei die jahrzehntelange Fami-

Café Dorsch mit Blick auf den Scharmützelsee.

Bad Saarow

Vorderer Gastraum mit Zugang zur Terrasse.

Restaurant Café Dorsch
Humboldtstraße 16
15526 Bad Saarow-Strand
(A 10, Abfahrt Fürstenwalde-West nach Bad Saarow)
☎ 033631/24 04
📠 033631/593 37
🌐 www.gourmetguide.de
🕐 täglich 12.00 bis 23.00 Uhr
November bis März montags Ruhetag
Inhaber: Jens Vater

lien- und Künstlertradition gewahrt blieb. Das Restaurant (70 Plätze) bezaubert durch seinen behaglich-wohnlichen Charme mit dunkelgrünen Ledersofas und Polsterstühlen, schmiedeeisernen Kerzenleuchtern, dunklem Balkenwerk und eben jenen Film- und Theaterreminiszenzen. Die Terasse (80 Plätze) unter hohen Kiefern gibt den Blick frei auf Wald und See. Es ist ein Ort der Stille und der völligen Eintracht mit der Natur, an dem der Mensch zur Ruhe kommt und sich gut erholen kann.

Längst schon hat das einstige Café sein Angebot erweitert und dem Wunsch der großen Gästeschar nach ständig warmer Küche Rechnung getragen. Diese gibt es täglich von 12.00 bis 23.00 Uhr – ob à la carte oder Menü, dabei stets unter Verarbeitung frischester Zutaten aus dem Umland. Gehoben im Anspruch und stark regional geprägt, finden gerade die heimischen Fisch- und Wildgerichte großen Zuspruch wie etwa die Fischpfanne „Café Dorsch" – Lachs-, Zander- und mit Mandeln paniertes Dorschfilet auf Bratkartoffeln und Kräuterbutter oder auch die auf dem Lavastein gegrillte Märkische Wildpfanne – kleine Steaks aus Rehkeule und Wildschweinlachs an Rahmpfifferlingen, Preiselbeeren und Kartoffelbällchen. Die Weinkarte ist weit gefächert, der Sommelier um keinen guten Tropfen verlegen. Sorgsam weiter gepflegt wird die Caféhaus-Tradition mit vielfältigen und phantasievollen süßen Verführungen aus der Backstube – Torten, Blechkuchen und leckere Strudel –, mit Spezialitäten rund um das Eis, Kaffeevariationen, Schokoladen und Tees.

Zu den vielen Heilquellen und Kurorten im Land Brandenburg gehört auch Bad Saarow, das auf dem besten Wege ist, wieder ein kleines Baden-Baden zu werden. Neben der Thermalsole (24–30°) bietet sich reichlich Gelegenheit zur körperlichen Betätigung in freier Natur: Golfen, Tennis und Segeln, Rudern, Schwimmen und Angeln, Reiten, Radfahren oder Wandern. Und für Besinnung und leiblichen Genuss sorgt dann am Tag wie am Abend eine Einkehr im Café Dorsch.

Schloss Hubertushöhe

Storkow

Schon äußerlich macht das Schloss seinem Namen alle Ehre: Tiermotive, wohin das Auge schaut – als Relief oder Skulptur, in Stein gehauen, kunstvoll als Wasserspeier ausgeformt, eingefügt in farbige Glasfenster oder ins schmiedeeiserne Tor. Die Tiermotive waren der bildkünstlerische Ausdruck der Leidenschaft seines Gründers, der das Jagdschloss in den Jahren 1896–1900 auf einer bewaldeten Sanddüne über dem Storkower See errichten ließ: des Geheimen Königlichen Kommerzienrates Georg W. Büxenstein. Er war eine schillernde Persönlichkeit, Druckereibesitzer und Kunstmäzen, Freund des Kronprinzen und Vertrauter des Kaisers. Als dieser 1905 das Schloss besuchte, wurde sogar die Bahnstation wegen der Übergröße des kaiserlichen Salonzuges verlängert.

Solch protokollarischer Kotau vor Majestäten blieb bei den späteren Besitzern aus: dem Textilfabrikanten Rudolf Bamberg oder bei der Firma Reemtsma, die 1935 das Schloss als Erholungsstätte für Mitarbeiter erwarb und ohnehin unter der Arbeiter- und Bauernmacht, die das Anwesen schlicht zur Brandenburger Fischereifachschule und danach zur Ingenieurschule für Binnenfischerei umfunktionierte.

Nach Rückkauf durch das Unternehmen Reemtsma und umfassender Restaurierung, öffnete Hubertushöhe im Juni 1998 seine Pforten als Hotel der Spitzenklasse und Mitglied in der internationalen Hotelvereinigung Relais &

Das Schloss ließ sich der Kommerzienrat Georg W. Büxenstein zwischen 1896 und 1900 errichten.

Storkow

Hotelrestaurant Windspiel mit Schlossterrasse.

Chateaux. In jedem Winkel des Anwesens spürt der Gast die Verbindung der Eleganz der Jahrhundertwende mit dem Komfort unserer Tage. Die 22 Zimmer und Suiten sind großzügig gestaltet, individuell und luxuriös eingerichtet bis zur begehbaren Kleiderschrank-Passage und ausgestattet mit allen modernen Annehmlichkeiten. Die vornehmen Salons (insgesamt 60 Plätze) – das Turmzimmer, das Damenzimmer mit anschließendem Wintergarten und das Herrenzimmer geben den stilvollen Rahmen für sehr persönliche Treffs, Spitzengespräche auf Vorstandsebene oder auch für standesamtliche Trauungen.

Für alles ist gesorgt, was Herz und Sinne erhebt. Binnen ganz kurzer Zeit ist das Hotelrestaurant Windspiel mit Schlossterrasse (insgesamt 50 Plätze) in den exklusiven Kreis der deutschen Spitzenrestaurants aufgestiegen, ausgezeichnet mit einem Michelin-Stern, drei Kochmützen und 18 Punkten im „Gault Millau" (von 20 möglichen). Zu danken ist dies maßgeblich Maître Kurt Jäger, der im Haus selbst Kochkurse für Gourmets veranstaltet und dabei verständlicherweise doch nicht alle Geheimnisse seines Könnens preis gibt. Seine Philosophie: den Eigengeschmack des Produkts zur größtmöglichen Wirkung bringen. So entwickelte er phantasievolle Kreationen und ganz eigene Garverfahren. Der Weinkeller beherbergt über 200 Spitzengewächse – national und weltweit – darunter Portweine des Jahrgangs 1924 und andere Raritäten. Alles wird zum genussvollen Erlebnis – der Aufwärmschluck am lodernden Kamin wie das viergängige Fisch- oder das romantische Sechs-Gang-Menü auf rosenbekränztem Tisch bei Kerzenlicht und mit geheimnisvollen Zutaten, denen eine besondere Wirkung nachgesagt wird, das Champagner-Frühstück und die Weindegustation, ja selbst an schönen Tagen der rustikale Imbiss oder das Kaffeegedeck im kleinen Hafen an der Fischerkate, wo die Gäste auch mit ihren Booten anlegen oder hauseigene ausleihen können.

Der zu Füßen liegende Storkower See ist ein wahres Bade-, Ruder- und Paddelparadies. Wem die hauseigene Sauna und das Dampfbad, das Solarium und der direkte Zugang zum See nicht ausreicht, kann die moderne Therme im nur zehn Minuten entfernten Bad Saarow nutzen.

Schloss Hubertushöhe
Robert-Koch-Straße 1
15859 Storkow
(A 10, Abfahrt Storkow, durch den Ort zum Schloss)
☎ 033678/43-0   033678/43-100
www.Hubertushoehe.de
Schloss@Hubertushoehe.de
Hotel durchgehend,
Restaurant Windspiel: Mai bis September
Dienstag bis Sonntag 12.00 bis 14.00 Uhr
19.00 bis 22.00 Uhr
Café: 15.00 bis 17.00 Uhr
Oktober bis April
Mittwoch bis Sonntag (gleiche Zeiten)
Inhaber: Hotel Schloss Hubertushöhe GmbH
Hoteldirektor: Jörg Steinhäuser

Oder-Spree-Seengebiet

Johann Wolfgang Langguth-Stiftung

Traben-Trarbach an der Mosel

Gemäß ihrer Satzung und einem im Haus des Namensgebers über Generationen kultivierten Verständnis für kulturgeschichtliche Werte fördert die Stiftung vor allem die Erhaltung und Restaurierung von Kunstdenkmälern und denkmalgeschützten Gebäuden in Deutschland.

Die Johann Wolfgang Langguth-Stiftung ist eine rechtsfähige Stiftung des Bürgerlichen Rechts und wurde 1976 in Traben-Trarbach an der Mosel gegründet. Sie ist Mitgesellschafter einer der größten deutschen Weinkellereien – der Firmengruppe Langguth.

Die Wartburg bei Eisenach

Ehemals auf den Raum Mittelmosel und die Altbundesländer beschränkt, konnte sie nach der Wiedervereinigung ihren Wirkungskreis auf ganz Deutschland erweitern. So hat sie in den Jahren von 1992 – 2000 in den neuen Bundesländern 110 denkmalgeschützte historische Einrichtungen und Gebäude mit Fördergeldern in Höhe von insgesamt 2,4 Millionen DM unterstützt, allein in den Ländern Berlin und Brandenburg mit einem Betrag von 1,1 Millionen DM. Die finanziellen Zuwendungen wurden für dringende Restaurierungs-, Sanierungs- und Werterhaltungsmaßnahmen verwendet. Sie kamen berühmten Burgen und Schlössern, Kirchen, Theatern, Häusern mit traditionsreichen Gewerken sowie historischen Herbergen und Gasthäusern zugute – unter ihnen die Wartburg und die Creuzburg in Thüringen, das Berliner Gouverneurshaus und die evangelische Waldkapelle Hessenwinkel in Berlin-Köpenick, das Stadttheater Cottbus und die Stadthalle Görlitz oder das Drachenhaus in Potsdam-Sanssouci und die Alte Klosterschänke im Zisterzienserkloster Chorin.

In der Johann Wolfgang Langguth-Stiftung sind Gemeinnützigkeit und unternehmerisches Walten zwei Seiten ein und derselben Medaille.

Für das soziale Engagement der Stiftung spricht auch die Hilfe für geistig und körperlich behinderte Kinder. So werden beträchtliche Fördermittel für Kindertagesstätten – allein in Ostdeutschland 20 – bereit gestellt, die sich der Pflege behinderter und schwerstbehinderter Kinder widmen. Die Gelder dienen der Komplettierung der Einrichtung und dem Kauf von Spielgeräten, besonders für therapeutische Zwecke.

Nicht zuletzt sind in dem gemeinnützigen Stiftungszweck Naturschutz und Landschaftspflege eingeschlossen ebenso wie die Förderung von jungen Künstlern, Kunst- und Kultureinrichtungen oder auch des Nachwuchses im Weinbau.

Förderwerkstatt für behinderte Kinder im Kloster Marienstern in der Lausitz

Lübbenau

Hotel Schloss Lübbenau

Lübbenau kann sich einer der schönsten Adelsresidenzen der Lausitz rühmen. Seit 1992 romantisches Schlosshotel im ältesten Stadtteil, öffnet es in trauter Partnerschaft mit dem größten Fährhafen der Region für jährlich viele tausend Besucher das sprichwörtliche „Tor zum Spreewald", als welches Lübbenau zu Recht gilt.

Schon lange vor der ersten urkundlichen Erwähnung Lübbenaus 1315 waren Schloss und Ort eng miteinander verbunden. Einst slawische Wallanlage, dann Wasserburg, im 17. Jahrhundert Renaissanceschloss, wurde es schließlich im 19. Jahrhundert durch den Schinkelschüler Karl August Benjamin Siegel zur klassizistischen Zweiflügel-Schlossanlage umgebaut. Von dem neun Hektar großen Schlosspark, angelegt nach Plänen des Gartenarchitekten Fürst Hermann von Pückler-Muskau, mit Teichen, Hügeln und verschlungenen Wegen, Baumgruppen und exotischen Gehölzen geht auch heute ein unbezwinglicher Zauber aus.

Die heutigen Schlosshotelbesitzer, die Familie der Grafen zu Lynar, entstammen in 14. Generationenfolge dem toskanischen Grafengeschlecht derer zu Lynar, die seit 1621 in Lübbenau residierten. Der letzte Standesherr Wilhelm Friedrich Graf zu Lynar wurde wegen seiner Beteiligung am Attentat auf Hitler vom 20. Juli 1944 in Berlin-Plötzensee hingerichtet. Eine Gedenktafel am Schloss erinnert daran. In den DDR-Jahren kam die adlige „Erbfolge" zum Erliegen, war das Haus Kinderheim und später ministerielles Schulungs- und Ausbildungszentrum für Datenverarbeitung.

Heute wieder in Familienbesitz der Lynars, steht das Schlosshotel Lübbenau als Vier-Sterne-Quartier für Tradition und gehobene Lebensart, ist es gefragte Einkehrstätte für alle Spreewaldentdecker.

Das Schloss befindet sich heute wieder im Familienbesitz der Grafen zu Lynar.

Spreewald/Niederlausitz

Lübbenau

Sämtliche Räume sind individuell gestaltet.

Vestibül mit Holzsäulen und herrschaftlichem Treppenaufgang.

Die nach der Wende restaurierten Räume verbreiten Gemütlichkeit und Noblesse mit einer leicht beschwingt-heiteren Note, wie sie den aus der Toskana stammenden Hausgründern eigen war. Vom Vestibül mit dem herrschaftlichen Treppenaufgang, mit Holzsäulen, Originalgemälden und Devotionalien aus dem Lynar'schen Familienbesitz gelangt der Besucher in die Governmenträume, die in unterschiedlicher Manier gestaltet sind und im reizvollen Kontrast zueinander stehen: das Hotelrestaurant (50 Plätze) mit blitzenden Messingkronleuchtern an stuckverzierter Decke und weißen Sitzmöbeln im Biedermeierstil, die Jagdstube (40 Plätze) in sattem Dunkelgrün und mit edler Holzvertäfelung oder – eine Treppe tiefer – der Rote Salon (40 Plätze) mit Kamin und Bibliotheksecke, Flügel und bequemen Sesselgruppen. Auf der Schlossterrasse (100 Plätze), wo in alten Zeiten die Kutschen vorfuhren, hat der Gast einen weiten Blick auf den Park mit seinem schönen Baumbestand, mit Efeuhaus und der von 12 dorischen Säulen getragenen Orangerie, die zum großen gastronomischen Wintergarten und Bankettraum um- und ausgebaut wird.

Das ganze Anwesen ist individuell bis ins Detail, kein Raum, kein Gegenstand gleicht dem anderen. Alle 46 Suiten und Zimmer, ausgestattet mit englischen und italienischen Stilmöbeln, haben ihren eigenen Charakter. Stilvoll und fürstlich wohnen – verheißt der Prospekt. Wer hier einkehrt, erfährt dies in wohltuender Weise. Selbst Tagungen und Konferenzen erhalten im Ballsaal und zwei weiteren Räumen für insgesamt 120 Teilnehmer einen historischen und in jeder Hinsicht großzügigen Rahmen. Im hauseigenen Standesamt lassen sich Jahr für Jahr viele Paare trauen.

An allen Tagen sorgen Küche und Keller des Schlosshotels für leiblichen Genuss. Mediterran verfeinerte Spreewaldspezialitäten – die altlynar'sche Heimat Toskana lässt grüßen – und eine gehobene internationale Küche, ausgezeichnet im „Gault Millau" und im „Feinschmeckerlexikon 2000/2001", werden zum besonderen kulinarischen Vergnügen. Zu solchen nicht alltäglichen Köstlichkeiten zählen dann das Filet vom Saalower Kräuterschwein unter der

Lübbenau

Roter Salon mit Kamin
und Bibliotheksecke.

Olivenkruste gegart mit südländischem Schmorgemüse und Kartoffel-Knoblauchkrapfen oder auch das gebratene Zanderfilet mit Apfel-Lauch-Gemüse, geräuchertem Sellerieschaum und Lachskaviar.

Für den Gast, der den Reiz kultivierter Tafelfreuden mit den Naturschönheiten des Spreewalds verbinden möchte, hält das Hotel zu allen Jahreszeiten erlebnisreiche mehrtägige Arrangements bereit – mit Schloss-Diner bei Kerzenschein, romantischen Kutsch- oder Kahnfahrten zu zweit vom schlosseigenen Anleger aus, Osterbrunch auf der Schlossterrasse, einer Fackelwanderung durch den Schlosspark oder auch einer Besichtigung von Sehenswürdigkeiten in Lübbenau. Es ist zugleich idealer Ausgangspunkt für romantische Erkundungen auf den kilometerlangen Rad-, Wasser- und Wanderwegen in und durch den Spreewald.

Die Jagdstube im
Schlosshotel Lübbenau.

Schlosshotel Lübbenau
Schlossbezirk 6
03222 Lübbenau
🚗 (A 13 Abfahrt Lübbenau, von dort Richtung Altstadt/Hafen)
☎ 03542/873-0
📠 03542/87 36 66
🌐 www.schloss-luebbenau.de
🕐 Hotel durchgehend
Restauration täglich ab 11.00 Uhr
Inhaber:
Gräflich zu Lynarsche Schlossverwaltungs GbR

Zum fröhlichen Hecht

Lehde

Kunstmaler warben um die Wende zum 20. Jahrhundert für Lehde als Klein-Venedig, nachdem 1880 die ersten Gesellschaftsfahrten in den Spreewald begonnen hatten. Die Idee dazu kam vom Görlitzer Kunstprofessor Woite, der seit den achtziger Jahren immer wieder in hiesigem Gasthaus Station machte und hier nach seinen eigenen Worten „ganz vorzügliche junge Hechte mit der noch vorzüglicheren Spreewaldsoße" serviert bekam. Er war der Namensgeber des Gasthofs. Auf seine Veranlassung versandte der seinerzeitige Besitzer, Gastwirt Richter, Werbeprospekte an Künstler in ganz Deutschland, in denen der Spreewald als Künstlermotiv in den höchsten Tönen gepriesen wurde. Und tatsächlich – sie kamen, sahen und malten. Der Gasthof Zum fröhlichen Hecht hat somit wahre Pionierarbeit für den Spreewaldtourismus geleistet. Zudem ist er mit seinem Gründungsjahr 1640 das älteste Gasthaus hierzulande. Damals war es sogar die einzige dörfliche Wirtsschänke. Von Anfang an in Familienbesitz, wurde diese Tradition in all den Jahrhunderten bis auf den heutigen Tag gewahrt.

Das „im Zentrum" Lehdes liegende Gasthaus erinnert äußerlich zunächst an einen großen Bauernhof. Das massige Gebäude verrät heute sein respektables Alter nur noch am Giebel zum Fließ hin. Es wurde vor einigen Jahrzehnten – durchaus mit Respekt vor seiner Historie – um- und überwiegend neugebaut. Der Gast findet hier einen Spreewaldflecken in aller Urtümlichkeit: im Altwendischen Saal (120 Plätze) oder in der darüberliegenden Bauernstube mit offenem, von dicken Balken durchzogenen Giebel (65 Plätze), auf der Freiterrasse am Wasser (80 Plätze), im Trachtenzimmer (50 Plätze) mit Bildmotiven und Dekorationsstücken der alten sorbischen Kirchgang- und Festtags-

Freiterrasse am Wasser.

Der Fröhliche Hecht ist einer der traditionsreichsten Gasthöfe der Region.

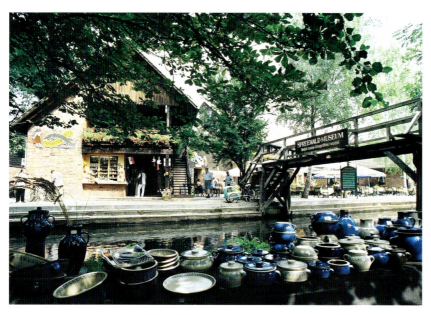

Lehde

Bauernstube im Obergeschoss.

Fischerstube mit Aquarium.

Zum fröhlichen Hecht
Dorfstraße 1
03222 Lübbenau/OT Lehde
(A 13, Abfahrt Lübbenau auf die B 115 durch Lübbenau nach Lehde)
☎ / ✉ 03542/27 82 oder 0172/357 86 14
🕐 1.4. bis 31.10. täglich ab 10.00 Uhr
in den übrigen Monaten nach Vereinbarung
Inhaber: Klaus Vater

Freilandmuseum
☎ 03542/24 72
✉ 03542/40 34 25
🕐 1.4. bis 15.9. täglich 10.00 bis 18.00 Uhr
16.9. bis 14.10. täglich 10.00 bis 17.00 Uhr
an anderen Tagen nach Vereinbarung

tracht oder in der kleinen gemütlichen Fischerstube mit Bar (25 Plätze) und großem Aquarium.

Den Raubfisch, der zugleich Namenspatron des Hauses ist, können die Gäste in natura im Hechtgraben am Gebäude bewundern und ihn nach altüberlieferten Rezepten auf Platte und Teller genießen. Denn was wäre ein echtes Spreewaldsmahl, wenn nicht ein Hecht auf dem Tisch stünde! Machte doch schon in alten Zeiten im Fröhlichen Hecht vor Mahlzeiten der volkstümliche Reim die Runde: *Die Leber ist von einem Hecht*
und nicht von einer Schleie.
Der Fisch will trinken, gebt ihm was,
dass er vor Durst nicht schreie.

Und so kommt er dann auf den Tisch: gekocht – auf Gemüse aus Möhren, Sellerie, Lauch, Petersilienwurzel und Zwiebeln unter Zugabe von Weißbier, in Buttermilchrahm und mit Butterflöckchen – oder gebacken – gewendet in Mehl, verquirlten Eiern und Semmelbröseln, in der heißen Butter goldbraun gebraten. Dazu empfiehlt sich ein hausgemachter Kartoffelsalat nach Art der sorbischen Fischer in der Lausitz. Für den Durst steht jederzeit ein schwarzes Babbenbier aus Lübbenau, ein Schoppen trockenen Weins und zur besseren Verdauung vielleicht noch eine „Spreewälder Hechtsuppe" – ein Kräuterlikör aus der Region – oder ein Lübbenauer Bierschnaps – ein Bierlikör aus würzigem dunklen Bier – parat.

Ein guter Einfall war es schon, gleich neben dem ältesten Gasthaus des Spreewalds das Freilandmuseum von Lehde anzusiedeln, Gastlichkeit mit altem Brauchtum sozusagen „im Doppelpack" zu präsentieren. Seit 1957 gibt es Besuchern Einblick, wie die sorbischen Bauern vor Jahrhunderten lebten.

Drei für den Oberspreewald typische Höfe sind hier in originaler Gestalt „versammelt". Hinzu kommen Backhaus, Stallanlagen und Kräutergarten, die älteste Kahnbauerei Lehdes von 1884 sowie eine Trachtenausstellung, Kunstgalerie, Töpferei und Blaudruckwerkstatt.

F.W. Langguth Erben
GmbH & Co. KG
Postfach 1120
D-56831 Traben-Trarbach
Telefon (0 65 41) 17-0
Telefax (0 65 41) 64 74
www.langguth.de

Richard's Riesling
Trocken

Richard's Riesling
Halbtrocken

Richard's Riesling
Hochgewächs

Richard's Riesling
Kabinett

Richard's Riesling
Spätlese

Richard's Riesling

Der Mosel-Klassiker in der königsblauen Flasche

Mit seinem Vornamen „Richard" pflegte der Gründer der Kellerei, Richard Langguth, Weine aus seinem Keller, die ihm besonders gut gefielen, zu kennzeichnen.

So wurde es bei seinen Mitarbeitern bald ein geflügeltes Wort, von „Richard's" Wein zu sprechen, wenn es um seine Riesling-Weine ging.

Dem liebenswürdigen Brauch folgend haben wir diesem Wein den Namen „Richard's Riesling" gegeben als Ausdruck der Tradition und Qualität.

Lehde/Dolzke

Fischkasten

„Die Welt in einer Nussschale" meint seit Goethes Zeiten Sehenswertes einer ganzen Region auf kleinstem überschaubaren Raum, zum greifen, fühlen und erleben nah. So wie im Spreewalddorf Lehde mit seinen 28 Inseln. Erst seit Ende der zwanziger Jahre ist der malerische Ort durch einen Landweg mit der „Spreewaldmetropole" Lübbenau verbunden; vorher war er nur mit dem Kahn zu erreichen. Auch heute noch – einzigartig in Deutschland – wird die Post mit Booten befördert.

Am Ortseingang von Lehde, auf der romantischen Dolzke-Insel, laden gleich mehrere Gasthäuser mit Herbergen zur Einkehr: Hirschwinkel und Quappenschänke sind eher jüngeren Datums, das Spezialitätengasthaus Fischkasten hingegen hat eine längere, unverwechselbare Geschichte. Es ist ein architektonisches wie gastronomisches Kleinod – ganz und gar verbunden der jahrhundertealten Fischereitradition hierzulande. Dabei war es schon etwas gewagt, das eher einer alten vornehmen Villa gleichende Haus dem Namen nach in jenes Behältnis zu „verwandeln", in dem im Spreewald direkt am Fließ vor der eigenen Haustür Fische lebend aufbewahrt werden. Besticht doch das Gebäude zunächst durch seine für den Spreewald nicht alltägliche Architektur. Es handelt sich nämlich um das einzige noch erhalten gebliebene Jugendstilgebäude in und um Lehde. Bei Wahrung seiner ursprünglichen baukünstlerischen Gestalt wurde es mit viel Mühe und mit Liebe zum Detail restauriert. Seit 1996 empfiehlt sich nun die ganz in rotem Backstein gehaltene einstige Villa mit dem markanten Giebel und laubenartigen Balkon als gehobenes

Auf der Dolzke-Insel liegen Gasthaus Hirschwinkel, die Quappenschänke und der Fischkasten.

Spreewald/Niederlausitz

Fischspezialitätenrestaurant mit Weinkeller (45 Plätze) und komfortablen Fremdenzimmern.

Gut und zünftig feiern lässt es sich in dem alten Gewölbekeller, wenn im Kamin die Holzscheite lodern und Spreewälderinnen in ihrer Tracht die Gäste bedienen. Einen besonderen optischen Reiz übt der den Raum beherrschende über 100 Jahre alte Backofen mit gusseisernen Ofentüren und originaler Ziehvorrichtung aus. Er ist das Herzstück für die Zubereitung des großen Schmauses mit verschiedenen Braten, die darin entstehen, eine Wildbretpfanne etwa, gebackene Schulter oder auch knuspriges hauseigenes Brot. Natürlich kommen – dem Namen der Gaststätte und der Tradition geschuldet – vielfältige Fischspezialitäten aus der hauseigenen Räucherkammer hinzu.

An schönen Tagen lässt sich das kulinarische Vergnügen in den reizvollen, von alten Eichen und Sumpfzypressen gesäumten Sommergarten mit seinen romantischen Laubenecken und -plätzen verlegen.

Im gegenüberliegenden Gasthaus Hirschwinkel, einem stilvollen Blockhaus mit riedgedecktem Dach und blumenreichem, vom Wasser umflossenen Sommergarten, an dem auch Kähne anlegen, wird die Jagd als uraltes Brauchtum und Erwerbsgrundlage im Spreewald lebendig. Erst 1650 wurde hier der letzte Bär geschossen, 1746 der letzte Elch und 1844 der letzte Wolf erlegt. Im Hirschwinkel bietet die Speisekarte Wildbret in vielen Variationen, und bei dem im Sommerhalbjahr jeden Mittwoch veranstalteten „Jägerabenden" wird zum erlebnisreichen gastronomischen „Halali" geblasen.

Nur ein paar Steinwürfe weiter liegt die Quappenschänke. Die im behaglichen Landhausstil eingerichteten Zimmer und Appartements laden zu länge-

Spezialitätenrestaurant Fischkasten mit eigenem Weinkeller und Fremdenzimmern.

Lehde/Dolzke

Ausstellungstücke im Hof des Gurkenmuseums.

Fischkasten
An der Dolzke 6
03222 Lübbenau/OT Lehde
(A 13, Abfahrt Lübbenau auf die B 115 durch Lübbenau nach Lehde)
☎ 03452/89 99 0, 89 99 60 und 89 99 70
📠 03452/89 99 10
🖥 www.spreewald-starick.de
✉ info@spreewald-starick.de
🕐 Pension durchgehend
Restauration
1.4. bis 31.10. Mittwoch bis Freitag ab 17.00 Uhr
Wochenende ab 11.00 Uhr
Montag und Dienstag geschlossen
ganzjährig auf Bestellung
Inhaber: Karl-Heinz Starick

Hirschwinkel, Quappenschänke und Museum
Anschrift, Tel./Fax siehe oben
🕐 Pension durchgehend
Restauration
1.4. bis 31.10. täglich ab 11.00 Uhr
ganzjährig nach Vereinbarung

rem Verweilen ein. Sie erinnert an den Fischreichtum des Spreewalds und möchte ihren Gästen die Region in ihrem ganzen Reichtum erschließen. Ein umfangreiches, auf die Jahreszeiten bezogenes Hausveranstaltungs- und Kahnfahrtenprogramm bietet vielfältige Möglichkeiten zum Kennenlernen von Land und Leuten – ob Oster-, Erntedankfest oder der traditionelle Fischmarkt mit Abfischen im Oktober. Im Winter locken Schlittenfahrten und Wanderungen durch die verschneiten Wälder und Auen oder auf vereisten Fließen.

Übrigens kann die Spreewalderkundung gleich hinter der Haustür beginnen. In einem der ältesten Gebäude Lehdes nämlich, gleich neben der Quappenschänke, wurden ein sorbisches Bauernhausmuseum und ein Gurkenmuseum – das einzige seiner Art in Deutschland – eingerichtet. Auch eine ständige Ausstellung zur Jagd und zur Fischerei in der Region fanden hier ihren Platz. Mit Akribie und Sammlerfleiß hat Hausherr Starick, von Kind auf mit dem Spreewald innig verbunden, ein Stück Geschichte lebendig gemacht. Anhand von originalen Einrichtungsgegenständen und Werkzeugen aus früheren Wirtschafts- und Wohngebäuden, aus Stall und Feld kann sich der Besucher ein anschauliches Bild vom Leben der Spreewaldbauern machen.

Eine ganz besondere Attraktion für den Liebhaber Spreewälder Küche ist das kleine Gurkenmuseum mit originalen Eichen- und Buchenholzfässern aus der Zeit um 1900, die bis zu 3,5 Tonnen fassen. Hier erfährt der Gast, nach welchen Rezepturen die Gurken damals – immerhin werden sie im Spreewald seit dem 16. Jahrhundert angebaut – und heute noch eingelegt werden und so ihren unnachahmlichen Geschmack erhalten: die „gemeine" saure Gurke, die Gewürz-, Senf-, Pfeffer- oder Knoblauchgurke.

Quappenschänke mit großem Festsaal.

Waldhotel Eiche

Burg

Einst soll der „Alte Fritz" hier eingekehrt sein. Später pries Theodor Fontane das Gasthaus der Familie Schenker. Käme er heute nach Burg, würde er das seinerzeitige riedgedeckte Blockhaus wohl nicht wiedererkennen, hat es sich doch mittlerweile in ein luxuriöses Hotel verwandelt. Geblieben aber sind die dem Spreewald eigene Gastfreundschaft und familiäre Herzlichkeit.

Der ganz in rote Klinker gekleidete Gebäudekomplex mit dem markanten quadratischen Turm erinnert auf den ersten Blick eher an einen stattlichen märkischen Gutshof. Direkt hinter der Haustür beginnt das Biosphärenreservat mit weiten saftigen Wiesen und verträumten Fliessgewässern, mit hohen, mehrhundertjährigen Eichen, die dem Anwesen den Namen gaben, und Erlen im nahegelegenen Hochwald.

Nach grundlegendem Umbau in den neunziger Jahren präsentiert die Eiche sich heute als Vier-Sterne-Hotel. Ganz und gar ungewöhnlich: die Lobby mit drei Emporen, deren erste eine Gemäldeausstellung einheimischer Künstler beherbergt. Die frühere Gaststube hat sich in das stilvoll eingerichtete Fontane-Restaurant verwandelt – mit schweren dunklen Ledermöbeln und halbrunden Sitznischen. Vom eleganten Wintergarten öffnet sich der Blick zum malerischen Fließ und dem alten wendischen Backofen, der guten Dienste bei manch spreewaldtypischem Spanferkel- und Schwarzkittelessen verrichtet. Frühstücksrestaurant und Kaminzimmer, Gartenrestaurant und Biergarten – unmittelbar am Wasser gelegen – komplettieren das gastronomische Ensemble, das über 300 Besuchern Platz bietet. Vier stilvolle Konferenzräume für

Frühstücksrestaurant (oben) und Fontane-Restaurant (links).

Burg

Lobby mit drei Emporen und Gemäldeausstellung.

Waldhotel Eiche
Eicheweg 1
03096 Burg
🚗 (A 13, Abfahrt Vetschau nach Burg)
☎ 035603/670 00
📠 035603/672 22
🌐 www.waldhotel-eiche.de
✉ waldhotel-eiche@spreewald-info.de
🕐 Hotel durchgehend
Restauration täglich ab 12.00 Uhr
Januar Betriebsferien
Inhaber: Waldhotel Eiche Vermögensverwaltungsgesellschaft GmbH & Co KG
Geschäftsführer: Rolf Seidel

10 bis 120 Teilnehmer geben den idealen Rahmen für stressfreie Tagungen ebenso wie für Bankette oder private Feiern.

Dem Logiergast stehen 52 unterschiedlich gestaltete Doppelzimmer sowie acht Suiten zur Verfügung. Fitnessbereich und Sauna, Dampfbad und Solarium, Sportanlagen für Volleyball, Tischtennis, Badminton und Dart sorgen für körperliche Erholung und Entspannung.

Nicht zu vergessen natürlich das Speiseangebot des Waldhotels, das den Gast mit Spreewald-Spezialitäten nach guter alter Art, mit Wildgerichten oder internationaler Küche verwöhnt. Bodenständige Qualität, Portionsgröße und moderate Preise stehen zueinander in einem guten Verhältnis. Stark saisonal und regional geprägt, gibt es hier eben nur deutschen, vornehmlich Spreewälder Spargel, Grünkohl oder Rosenkohl, frappieren die vielfältigen Menüs auf der jeweils extra gestalteten Spargel-, Pfifferling- oder Steinpilzkarte, finden die traditionellen Martinsgans-Essen und Grillabende am Grossen Fließ starken Zuspruch.

Vom hauseigenen Kahnhafen geht die Fahrt – mit eigenem Paddelboot oder vom Fährmann gestakt – in die Welt der Fließe, von denen es hier über 300 mit etwa der gleichen Anzahl von Brücken gibt. Auch wer sich die Natur mit dem „Drahtesel" erschließen möchte findet in dem „radlerfreundlichen Haus" die besten Bedingungen.

Burg selbst ist immer einen Abstecher wert. Wohl nicht nach der Einwohnerzahl, so doch aber nach seiner Flächenausdehnung von 55 Quadratkilometern ist es das größte Dorf in der Bundesrepublik Deutschland mit drei Ortsteilen. Die 1315 erstmals urkundlich erwähnte Siedlung ist heute noch Zentrum wendischer Kultur und altüberlieferter Gewerke wie Töpferei und Böttcherei, Holzpantoffelherstellung und Stickerei. Die Heimatstube in Burg und das Heimatmuseum im nahegelegenen Storchendorf Dissen geben Auskunft über Geschichte, Fauna und Flora der Region.

Romantik Hotel Zur Bleiche

Die zartblau blühenden Leinfelder bestimmten über Jahrhunderte das Bild der Spreewalddörfer. „Leineweberfabriquen" wurden gegründet, ebenso Bleichereien. Für eine von ihnen legte sogar Friedrich der Große anno 1750 den Grundstein – für das Bleichhaus in Burg nämlich. Der Preußenkönig mit viel Sinn fürs Wirtschaftliche brauchte Röcke für seine Soldaten. Dafür nutzte er die günstigen Standortbedingungen der von ihm eroberten Spreewaldgebiete um Burg. Als mit der Industrialisierung das Weben und Bleichen hierzulande buchstäblich „die Spree hinuntergingen", wurde aus der Burger Bleicherei ein Gasthof und später eine Herberge.

Das Romantik Hotel Zur Bleiche – in den DDR-Jahren FDGB-Heim – hat nach der Wende die Tradition des Hauses neu aufgenommen. Fangen wir dort an, wo der Stress garantiert aufhört und der Gast seine körperliche und seelische Balance findet: in der Landtherme. Auf über 2 000 Quadratmetern vereint das Badehaus einen Wellnessbereich mit Innen- und Außenpools, Massage- und kosmetischen Behandlungen, Sprudelbad und Saunen bis zum echt türkischen Hamam mit Reinigungszeremonien, kalten und warmen Güssen und einer Ganzkörper-Seifen-Massage nach altüberliefertem Brauch. Ein wahrer Jungbrunnen tut sich auf in den hohen schönen Räumen, luftig und warm, den Bädern und Schwimmbecken mit Kamin, in dem die Holzscheite prasseln, oder im Saunagarten inmitten grüner Wiesen.

Spreewaldtradition lebt an jedem Ort der Bleiche: im Herbergsbereich ebenso wie in den individuell gestalteten Restaurants. Die 90 Einzel- und Doppelzimmer wie auch Suiten duften förmlich nach frischem Leinen, sind ländlich-kuschelig eingerichtet und mit viel Holz ausgestattet.

Restaurant 17 Fuffzig mit Möbeln aus heimischem Korbgeflecht.

Burg

Alle Google sind individuell gestaltet.

Wendenstube.

Von ganz besonderem optischen Reiz ist das Restaurant 17 Fuffzig mit Möbeln und Decke aus heimischem Korbgeflecht. Es wurde ob seines vorzüglichen gastronomischen Services vom „Gault Millau" mit zwei Kochmützen ausgezeichnet. Der an die Grundsteinlegung durch den „Alten Fritz" erinnernde Name der Gaststube schließt zugleich eine dezente Verbeugung vor dessen Schlemmerkünsten ein. Die Fischerstuben mit ihren Wandbänken, der niedrigen Holzbohlendecke, den weißen Kissen aus Leinen und den Fischereiutensilien laden zum zünftigen Petri-Schmaus ein. In der Wendenstube lebt die alte sorbische Blaudrucktradition in den Stoffen und Möbelbezügen, und der Kahnschuppen, direkt vor der Fischerstube, mit der originalen Holzdielung und dem großen langgezogenen blankgescheuerten Tisch, ist vorzüglich für kleine gemütliche und genüssliche Feiern geeignet. Mit seinem Scheunentor öffnet er zugleich den Zugang zum Biergarten unter hohen alten Kastanienbäumen wie auch zum hauseigenen Kahnhafen, dessen quirlige Szenerie man auch von Terrasse und Veranda aus gut beobachten kann (Restaurants insgesamt 180 Plätze). Nicht zu vergessen schließlich der Marstall, wo in der Postkutschenzeit die Pferde gewechselt wurden, der für offizielle Anlässe, auch für Tagungen oder Konferenzen von bis zu 200 Personen genutzt werden kann.

Natürliches und Wohlschmeckendes bringen Küche und Keller auf den Tisch, Typisches aus der Region ebenso wie Speisen und Getränke der verfeinerten Art. Die Kräuter aus dem hauseigenen Gewürzgarten verleihen den Speisen ihren unnachahmlichen Geschmack – ob den äußerst abwechslungsreichen Gerichten mit Spreewälder Quark oder dem gebratenen Zanderfilet, mit Wurzelgemüse und Salbei gespickt, der honiggebeizten Barbarie-Entenbrust in Rosmarinsoße oder den hausgemachten Bandnudeln mit frischen Morcheln im Rahm mit fritiertem Bärlauch. Frische und Bodenständigkeit der Produkte werden bei den Hausköchen groß geschrieben und von den Gästen honoriert.

Romantik Hotel Zur Bleiche
Bleichestraße 16
03096 Burg
(A 13, Abfahrt Vetschau nach Burg, dann über die Bahnhofstraße nach Burg-Kolonie)
☎ 035603/620
📠 035603/602 92
💻 www.hotel-zur-bleiche.de
✉ hotelzurbleiche@snafu.de
⌚ Hotel durchgehend
Restauration für Hotelgäste täglich durchgehend
A-la-carte-Restaurant 17 Fuffzig
Mittwoch bis Sonntag 12.00 bis 14.30 Uhr
18.00 bis 22.00 Uhr
Inhaber: Familie Clausing

Sicher einer der gemütlichsten Räume im Romantik Hotel: die Fischerstube.

Schlossrestaurant Lübben

Eine Augenweide für den Besucher der kleinen Spreewaldstadt Lübben ist ihr 850-jähriges Schloss. Weithin leuchtend im matten Ockergelb, ziehen vor allem der reich verzierte Renaissancegiebel an der Ostseite sowie der wuchtige romanische Wohn- und Wehrturm mit seinen 2,80 Meter dicken Mauern die Blicke auf sich. Im Schloss residierten einst die Landes- und Burggrafen und Lübben, mit Stadtrecht seit 1220 ausgestattet, war das beherrschende Zentrum der Niederlausitz. Das berühmte, eine ganze Wand einnehmende Gemälde von August Oetken im Wappensaal des Schlossturms zeigt die Huldigung des neuen Landesherrn, Kurfürst Friedrich II., Eisenzahn, von Brandenburg durch die Lübbener Bürger vor den Toren der Stadt im Jahre 1448. 116 Wappen künden von Macht und Einfluss Lausitzer Adelsgeschlechter. Zugleich zeugt der zweigeschossige einstige Huldigungssaal, in dem heute Konzerte, Ausstellungen und Empfänge stattfinden, vom Kunst- und Repräsentationsbedürfnis der früheren Hausherren. Seitdem ist viel Wasser die Spree hinuntergeflossen, an deren Flussarm mit Schlangengraben das Schloss liegt. Erst eine Generalsanierung in jüngster Zeit bewirkte seine längerfristige Erhaltung und die Wandlung zu einer Begegnungsstätte für Kunst und Kultur. Darin hat auch das Museum für Stadt- und Regionalgeschichte seinen Platz gefunden ebenso das Schlossrestaurant Lübben, das im Mai 2000 seine Pforten öffnete und den schon früher bekannten historischen Weinkeller im Schloss-turm ablöste oder besser in sich aufnahm. Es verbindet in Gestaltung und Angebot Historie mit Moderne in einem spannungsvollen, ja leicht provokanten Kontrast. Schlossrestaurant und Schlosscafé, Vereinszimmer und Sommerterrasse mit eigener

Das Schlossrestaurant bietet internationale Spezialitäten kombiniert mit heimischen Produkten.

Lübben

Im Vereinszimmer.

Kahnanlegestelle bieten bis zu 150 Gästen Platz. Die Küche kombiniert phantasievoll Urtypisches und Traditionsbezogenes mit internationalen Spezialitäten – bei größtmöglicher Einbeziehung der saisonalen heimischen Produktpalette. Das Ergebnis sind interessante Kreationen, die neugierig machen – etwa auf die gefüllte Wildschweinroulade mit Rahmwirsing und Kartoffelbällchen, dazu ein vollmundiger Dornfelder Rotwein, das norwegische Lachsfilet auf Spreewälder Meerrettich-Sahnesoße mit Schmorgurken und Basmatireis oder eine Kürbisschaumsuppe mit gebeizter Seeteufel-Hummer-Roulade.

Ein anspruchsvolles kulinarisches Programm, das besonders die langen Winterabende verkürzen helfen soll, sind die „Tafelfreuden an europäischen Höfen". Hier weiß sich das Schlossrestaurant ganz in der Tradition fürstlicher Tafelkultur – seien die Veranstaltungen mit ihren Angeboten und vergnüglichen Informationen nun der Küche und dem Weinkeller Augusts des Starken oder Friedrich dem Großen und seinen Potsdamer Champagnerrunden gewidmet. Alle Register gastronomischen Könnens zieht das Restaurantteam bei Banketten, Bällen und Vereinsfeiern im Wappensaal oder bei den zahlreichen Hochzeiten im Schloss.

„Geh aus mein Herz und suche Freud in dieser lieben Sommerszeit" dichtete einst der berühmte Kirchenliedpoet Paul Gerhardt, der sieben Jahre lang, von 1669 bis 1676, in Lübben als Pfarrer und Archidiakon, Vorsteher eines Kirchensprengels, tätig war. Auch heute findet der Besucher von Lübben „viel Freud" an der inmitten des Spreewalds und an seiner engsten Stelle gelegenen, von zahlreichen Fließen durchzogenen mittelalterlichen Stadt. Ein kleiner wohlgemeinter Tipp für Verliebte: Im Lübbener Hain, einem Auenwald, können sie sich am „Liuba-Stein" von der sorbischen Göttin der Liebe und Fruchtbarkeit verzaubern lassen, die hier in grauen Vorzeiten ihren Wohnsitz gehabt haben soll.

Schlossrestaurant Lübben
Ernst-von-Houwald-Damm 14
15907 Lübben
(A 13, Abfahrt Freiwalde auf die B 115 nach Lübben)
03546/40 78
03546/18 25 21
www.schlossrestaurant-luebben.de
Buchholz-Arno@t-online.de
1.4. bis 31.10.
Dienstag bis Sonntag 11.00 bis 24.00 Uhr
Montag Ruhetag
1.11. bis 31.3.
Dienstag bis Freitag 11.00 bis 15.00 Uhr
18.00 bis 24.00 Uhr
Sonnabend/Sonntag 11.00 bis 24.00 Uhr
Inhaber: Arno Buchholz

Das historische Gemäuer beherbergt modern gestaltete Gasträume.

Schlepzig

Landgasthof Zum grünen Strand der Spree

Direkt am Kahnanlegeplatz und etwas versteckt hinter hohen alten Bäumen liegt der langgestreckte, ganz aus rotbraunen Klinkern gebaute Landgasthof. Die Bierfässer vorm Haus verraten seine jahrhundertealte Bestimmung: das Brauen edlen Gerstensafts. Seit 1788 nämlich liegt das Braurecht auf Tennerts Gasthaus. Sein Name rührt von den Gebrüdern Tennert her, die sinniger- und vielleicht durchaus ganz zweckmäßigerweise gleich mit Mutter und Tochter einer Schlepziger Familie verheiratet waren. Zuvor – um die Mitte des 18. Jahrhunderts – stand hier eine Korn- und Schneidemühle. Da sie für ihren Besitzer zu wenig einbrachte, wurde sie alsbald mit einer Schankstätte versehen.

Die Wandlung zur Gaststätte und Herberge mit einer heute 200-jährigen Familientradition ist dem Haus und der Region gut bekommen. All die Jahre bis in die DDR-Zeit war es eine allseits bekannte und beliebte Einkehrstätte für Einheimische und Touristen. Zu neuer Blüte gelangte sie seit 1990. Nach aufwendigem Um- und Ausbau von Gasträumen und Hotel wird der Gasthof heute von renommierten Reise- und Gaststättenführern empfohlen. Und was ihn in ganz kurzer Zeit weit über Schlepzigs Grenzen hinaus populär gemacht hat, ist die Wiederaufnahme des Bierbrauens.

Über zwei Etagen erstrecken sich die Galerieräume (200 Plätze) mit kupferblitzenden Pfannen, Läuterbottichen und Bierleitungen, mit Lampen in Form von Sudkesselhauben. Von den Decken hängen Bierkrüge dicht an dicht, Körbe und Kupferbottiche in verschiedenen Größen. Vier Sorten an ober- und

Gaststätte und Herberge mit gut 200-jähriger Familientradition.

Schlepzig

Brauhaus mit Gasträumen über zwei Etagen.

untergärigem Bier, hell und dunkel, werden hier gebraut nach deutschem Reinheitsgebot von 1516. Dazu gibt es eine deftige Küche mit Grillspezialitäten – ob Ente, Huhn oder Haxe – und für den ganz großen Hunger das Brauhausbuffet, bei dem gegessen werden kann, so viel jeder mag und verträgt.

Die ideale Ergänzung zum Brauhaus sind Landgasthof und Hotel. Die beiden miteinander verbundenen Restaurants (120 Plätze) sind gewissermaßen Gastraum, Wohnstube und Museum in einem – mit gediegenem alten Mobiliar und holzvertäfelten Wänden, geschickt darin eingebunden originale

Bick in die behaglich eingerichtete Veranda.

Spreewald/Niederlausitz

Schlepzig

Landgasthof mit gediegenem alten Mobiliar und holzvertäfelten Wänden.

Der Festsaal.

Landgasthof
Zum grünen Strand der Spree
Dorfstraße 53
15910 Schlepzig
🚗 (A 13, Abfahrt Freiwalde über Schönwalde und Krausnick nach Schlepzig)
☎ 035472/662-0
📠 035472/473
🖥 www.spreewaldbrauerei.de
✉ spreewaldbrauerei@t-online.de
🕐 Hotel durchgehend
Gasthof täglich ab 12.00 Uhr
Brauhaus täglich ab 11.00 Uhr
Im Winterhalbjahr
Brauhaus Montag Ruhetag
Gasthof Dienstag Ruhetag
Inhaber: Anja und Dr. Torsten Römer

Gasthaus Zum Unterspreewald
Dorfstraße 41
15910 Schlepzig
☎ / 📠 035472/279
🕐 Dienstag bis Sonntag ab 11.00 Uhr
Montag Ruhetag
Inhaber: Michael Künzel

Zeugnisse vom Leben der Spreewaldbauern: ob Pferdeschlitten oder Kahn, Leiterwagen oder Wäschemangel. Hier wie auch im angrenzenden Terrassengarten (65 Plätze) unter Kastanien können die Gäste eine von Fachkritikern ausgezeichnete Küche genießen, die jeden Aufenthalt auch kulinarisch zum Erlebnis werden lässt: gutbürgerlich, regional gebunden und zugleich mit gehobenem internationalen Anspruch.

Wer den Unterspreewald als großes zusammenhängendes, fast unberührt anmutendes Naturschutzgebiet im Biosphärenreservat erkunden will, ist gut beraten, sich für ein paar Tage hier einzuquartieren. Der Herbergsbereich mit seinen 25 Zimmern und Suiten in einem stilvollen Landhaus bietet dazu allen modernen Komfort. Bei den abendlichen Kahnfahrten vom Haus aus gehört der Spreewald dem Gast ganz allein. Geselliger geht's zu bei Mitternachtsmenüs und Glühweintouren, kultur- und genussvoll bei romantischen Konzerten von Klassik bis Jazz. Besonders in den Wintermonaten möchte das Haus seinen Gästen den Spreewald von dessen vielfach noch ungewohnter Seite zeigen – wenn die Fließe und Teiche zufrieren, die Wälder eis- und schneeverkrustet sind und die ganze Region sich in ein Paradies für Schlittenfahrten, Schlittschuhlaufen und Winterwanderungen verwandelt.

In Schlepzig hat Gastlichkeit noch einen anderen bekannten Namen: Zum Unterspreewald. Der 250 Jahre alte Gasthof ist umrahmt von Legenden und Histörchen. Er ist für den Tagesbesucher eine willkommene Einkehrstätte, hier werden aber auch Dorffeste oder Feuerwehrbälle abgehalten. Ein Höhepunkt des Jahres ist immer wieder die Schlepziger Fastnacht im Februar, wenn nach altem sorbischen Brauch die Burschen und Mädchen von Haus zu Haus ziehen und „zampern", also Eier und Brezeln, Speck und Geld sammeln. Dann wird im Gasthof tagelang gefeiert – mit Maskenball, Tanz und Frühschoppen, „Ablachen" und „Eierkuchenball".

Cavalierhaus Branitz

Cottbus

Er war Schlachtenbummler, Gartenkünstler und Reiseschriftsteller, ein Gourmet von Welt und ein bisschen verrückt obendrein. Monarchen und Exzellenzen schätzten seine exotische Gastlichkeit, deren Tafelrunden und Tafelbücher von 3 500 Speisen- und Getränkefolgen aus aller Herren Länder zu berichten wissen. Seine Phantasie schlug zuweilen merkwürdige Kapriolen. So fuhr er in Berlin Unter den Linden in einer Kutsche vor, die mit 4 Hirschen bespannt war. Die Rede ist von Hermann Fürst von Pückler-Muskau (1785–1871). Sein Erbe pflegt eine 1995 eigens gegründete Stiftung in Branitz. Als Herrensitz des Fürsten im Stil des Spätbarock 1772 erbaut, geben die nach historischen Vorlagen restaurierten Schlossgemächer, Arbeitszimmer, Salons und die Bibliothek Einblick in Leben und Werk des Adelsmanns. Der 100 Hektar große Park trägt die Handschrift des begnadeten Gartenarchitekten, ist in den Jahren 1846–1871 entstanden und gilt als einer der schönsten deutschen Landschaftsparks. Mit seinen künstlich angelegten Weihern, Teichen und Bächen, den Brücken und Hügeln, der üppigen Flora sowie der großen Erd- und der Seepyramide – letztere diente als Grabstätte des Fürstenpaares – bezeugt er die vollendete Harmonie von gestalteter Landschaft und Architektur.

Vis-à-vis dem Schloss und versunken im Park liegt das Cavalierhaus im Stil der englischen Tudor-Gotik. Einst war es das Gästehaus des Fürsten, heute ist es eine Stätte gastlicher Einkehr mit Restaurant, Hochzeitszimmer und schöner Gartenterrasse (insgesamt 200 Plätze). Schwere dunkle Möbel, Holzvertäfelungen und Raumteiler mit schönen Applikationen, Lüster aus böhmischem Kristall und goldumrandete Spiegel verleihen den Räumlichkeiten eine festlich-gehobene Note und machen zugleich neugierig auf das kulinarische

Cavalierhaus im Branitzer Park.

Das Haus diente dem Fürst von Pückler-Muskau als Gästeunterkunft.

Cottbus

Angebot. Eine gutbürgerliche Küche quer durch die deutschen Lande und mit einigen regionalen Spezialitäten wie Lausitzer Hefeplinsen, Forelle, frisch aus den nahen Peitzer Teichen, gedämpften Heilbutt in einer Spreewälder Meerrettichsoße, Lammroulade oder Wildspezialitäten wird geboten. Eine Lieblingsspeise des früheren Hausherrn gilt auch heute noch als bevorzugte Delikatesse: Fasanenbrustfilet mit Pilzrahmsoße, Butterschoten und Kartoffelkroketten, ebenso die von Pückler gern genossene Linsensuppe. Und natürlich darf zu keiner Zeit das unvergleichliche Pückler-Eis aus pürierten Erdbeeren, Schlagsahne in Maraschino, aufgeweichten Makronen mit Vanille-Schlagrahm und geschmolzener Schokolade fehlen. Das berühmte Dessert soll übrigens nicht von seinem Namensgeber kreiert worden sein. Ein hiesiger Konditormeister war der Erfinder – und die bis heute ungebrochene Popularität der süßen Versuchung sein Lohn. Zum Menü werden erlesene Weine und heimische Biere, frisch vom Fass, gereicht – ein Wernesgrüner oder auch ein Fürst-Pückler-Pils, das in Radeberg eigens und nur für das Cavalierhaus gebraut wird.

Sind schon Schloss und Park Branitz mit Marstall, der neogotischen Parkschmiede und dem Cavalierhaus zu jeder Jahreszeit ein willkommenes Ausflugsziel für Spreewaldgäste, so gilt dies gleichermaßen für die 800 Jahre alte Tuchmacherstadt Cottbus. Sie bietet zahlreiche Zeugnisse einer reichen Geschichte. Von den Resten der mittelalterlichen Altstadt bis zum Cottbuser Stadttheater. Es wurde 1908 nach Plänen des Berliner Architekten Bernhard Sehring erbaut, und ist das einzige innen wie außen im reinen Jugendstil gehaltene und noch bespielte Bühnenhaus Deutschlands.

Und um noch einmal auf den berühmten Sohn der Stadt Fürst Pückler zurückzukommen: von seinem Park Branitz aus spannt sich der traditionsreiche Bogen zur Bundesgartenschau 1995 in Cottbus, deren Farben- und Blütenpracht die Stadt in ein Mekka für Blumen- und Gartenfreunde verwandelte und ihr neuen Glanz verlieh.

Schloss Branitz.

Cavalierhaus Branitz
Am Schloss
03042 Cottbus
🚗 (A 15, Abfahrt Cottbus Süd über Kiekebusch nach Branitz)
☎ / ✉ 0355/71 50 00
🕐 1.4. bis 31.10. täglich ab 11.00 Uhr
1.11. bis 31.3.
Dienstag bis Sonntag 11.00 bis 19.00 Uhr
Montag Ruhetag
Inhaber: I. & E. Behrens

Schlossmuseum
☎ 0355/751 50
✉ 0355/71 31 79
🕐 April bis Oktober
Dienstag bis Sonntag 10.00 bis 18.00 Uhr
November bis März
Dienstag bis Sonntag 10.00 bis 17.00 Uhr
Montag geschlossen

Gutbürgerliche Küche wird hier angereichert mit regionalen Spezialitäten serviert.

Radigk's Brauhaus

Finsterwalde

Als im Jahre 1899 in den Berliner Germania-Sälen die Burleske von Wilhelm Wolff „Wir sind die Sänger von Finsterwalde" uraufgeführt wurde, ahnte wohl niemand, dass damit das Ackerbürgerstädtchen in der Niederlausitz als Sängerstadt bald Berühmtheit erlangen sollte. Über Nacht war mit dem gleichnamigen Lied der drei Klamottenkomiker Pampel, Knarrig und Strippe ein Gassenhauer geboren, den fortan fast jedes Kind kannte und sang. Finsterwalde war buchstäblich bald „in aller Munde" – und damit auch seine Gasthäuser und Kneipen. Und so wird auch heute beim Sängerfest in Finsterwalde durch Chöre und Solisten an diese Tradition erinnert. Keine Spur mehr vom „finsteren Walde", als welcher der Ort vor über 700 Jahren ob des damaligen sumpfigen, dicht bewaldeten Landstrichs seinen Namen erhielt. „Sängerwalde" wäre da heute schon angebrachter, nicht zuletzt dank solch stimmungs-, genuss- und kulturvoller Einkehrstätten wie Radigk's Brauhaus. Hier läuft das ganze Jahr über ein buntes Programm von musikalischen Veranstaltungen und Gesangsdarbietungen.

Das Brauhaus befindet sich seit sechs Generationen in Familienbesitz. Stammvater Ernst Radigk erwarb das Grundstück 1899. In der ursprünglich kleinen Schankwirtschaft mit dem wohlklingenden Namen Silberglöckchen machten während der Ausspanne die ein- und ausfahrenden Kutscher Rast, verkehrten später die Metallgießer, die ihre Kneipe kurzerhand Werk II nann-

Radigk's Brauhaus befindet sich seit sechs Generationen in Familienbesitz.

Finsterwalde

Zum selbstgebrauten Bier wird ein wechselndes Angebot an Wild, Fisch und Geflügel serviert.

In der ebenerdigen Gaststube hat sich das Flair einer gemütlichen Dorfkneipe erhalten.

Radigk's Brauhaus
Sonnewalder Straße 13
03238 Finsterwalde
C (A 13, Abfahrt Großräschen auf die B 96 nach Finsterwalde)
☎ 03531/22 86
📠 03531/70 99 38
🖥 www.radigks.de
✉ brauhaus.radigk@t-online.de
🕐 Alte Kneipe täglich ab 11.00 Uhr
Brauhaus-Goiträume täglich ab 18.00 Uhr
Inhaber: Familie Radigk

ten, und auch in den DDR-Jahren war das Haus, von der Familie in Kommission der Staatlichen Handelsorganisation HO geführt, eine beliebte Einkehrstätte.

Doch all das hält keinen Vergleich zum heutigen Brauhaus stand, das der Ur-Ur-Ur-Enkel Bernhard im letzten Jahrzehnt in den alten Gemäuern einrichtete. Hier lebt die über 200-jährige Finsterwalder Brautradition wieder auf, wird aus Hopfen, Malz und gutem Wasser vom erfahrenen Braumeister ein vollmundiges, herb-frisches Radigk's Wirtshausbräu kreiert, das es nur hier gibt: ein helles Pilsner, ein Schwarzbier und ein Spezial (je nach Saison Bock oder Weizen) – so an die 1 000 Hektoliter im Jahr. In der urigen Alten Kneipe (80 Plätze), inmitten von Bierutensilien aller Art, Geschirren und Rädern von alten Bierwagen an Wänden und Decke, Bierfässern, Bierschildern und -krügen aus Ton, schmeckt das Frischgezapfte noch einmal so gut. Einladend sind auch die Gasträume des Brauhauses (insgesamt 200 Plätze) im oberen Geschoss mit kleiner Bar. Oma Friedas Gute Stube (35 Plätze), für kleine Gesellschaften zu mieten, und natürlich der obligate Biergarten (bis zu 300 Plätzen) vervollständigen das gastliche Ensemble.

Zum wohltemperierten Bier gehört ein deftiges Essen. Auch dafür ist die Gastwirtschaft weithin bekannt. Aus dem im Gastraum stehenden Backofen kommt eine Spezialität des Hauses: das Treberbrot (Treber = Rückstände vom Malzschrot im Brauprozess) oder auch ein würziger Backschinken – Kasslernacken vom Schwein im kernigen Treberteig. Viel verlangt wird das Bierfleisch aus magerem Rind- und Schweinefleisch, mit frischem Wurzelgemüse der Saison, Kartoffeln und geriebenem Treberbrot mit Kümmel. Darüber hinaus gibt es ein ständig wechselndes Angebot an Wild und Fisch, Geflügel, Salaten und Vegetarischem.

Schreiber's Goldener Hahn

Finsterwalde

Die Besitzer des Goldenen Hahns können ihren Stammbaum bis zur Mitte des 15. Jahrhunderts zurückverfolgen, sie waren eine ganze Dynastie von Landwirten. Ob allerdings der Name der beliebten Einkehrstätte, die die Schreibers heute in der dritten Generation betreiben, von „Ackerbau und Viehzucht" herrührt oder aus der Zeit aus den Gründerjahren des Gasthofs als Bierkneipe um 1860 stammt, abgeleitet vom „goldenen" Gerstensaft, der reichlich aus dem Hahn floss, darüber streiten sich die Geister. Fest steht jedenfalls, dass der Goldene Hahn als Speisewirtschaft erst unter den Schreibers seine Blüte erfuhr.

Den Gast erwartet in dem ganz mit mahagonifarbenem Holz getäfelten Restaurant (60 Plätze), im Kaminzimmer (12 Plätze) oder an schönen Tagen im Hof-Weingarten (60 Plätze) ein besonderes Erlebnis. Es sind gleichsam „lukullische Souvenirs", die der Juniorchef von seinen weltweiten Kochmeisterschaften mit nach Hause gebracht hat und mit denen er die Speisekarte zu einer kleinen gastronomischen Weltreise macht: vom Kängururücken über Krokodilschwanzfilet, gebackenes Sushi vom Schwertfisch, frische Austern bis zum tasmanischen Wildlachs. Das Ganze wird geschickt und geschmackvoll mit regionalen und saisonalen Produkten kombiniert. Diese stehen in der Verarbeitung ganz oben an, nach lang überlieferter traditionell-handwerklicher Manier – „Lammkeule in Heu gegart" etwa – und oft raffiniert verfeinert mit internationalen Zutaten, asiatischen Gewürzen, italienischen Oliven oder Parmesan-Käsespezialitäten. Küchenchef Frank Schreiber, der auch gastronomische Kochkurse veranstaltet, möchte, so sagt er, „der Seele des Gastes mit seinen Kreationen schmeicheln". Der mit vielen nationalen und internationa-

Im Goldenen Hahn kann man gastronomisch auf Weltreise gehen.

Finsterwalde

len Auszeichnungen bedachte Meisterkoch, gekürt u. a. 1997 in Toronto zum Jugendweltmeister beim „Taste of Canada", weiß, wovon er spricht. Als Mitglied der Europäischen Union der Spitzenköche EUROTOQUES, die unter der hohen „Kochmütze" (französisch = toque) über 3 000 Küchenchefs aus aller Welt vereint, will er mit seiner kulinarischen Kunst dazu beitragen, das Gefühl für gute Geschmackskompositionen und natürliche Zutaten auch im Zeitalter von Fast-Food und Instant-Produkten zu erhalten oder zurückzugewinnen. Und so finden denn auch solch hausgebackene oder -gemachte Spezialitäten wie Kartoffelbrot mit Speck und Zwiebeln oder Quarkbrot, Birnen-Konfitüre mit Ingwer oder Entenschmalz mit Apfel sowie die Eisschlemmereien aus eigener Patisserie ihren Weg auf die Speisekarte. Die erwählte Esskultur wird von einem Getränkekeller mit über 170 erlesenen Weinsorten von Europa bis Übersee begleitet.

In der gemütlichen Hotelpension – 12 Zimmer im behaglichen Landhausstil eingerichtet und mit allem zeitgenössischen Komfort ausgestattet – können Urlauber und Reisende ihren Aufenthalt zugleich auch für Entdeckungen in Finsterwalde und Umgebung nutzen. Die Sängerstadt ist ja nicht nur zum Sängerfest, das alle zwei Jahre am letzten Augustwochenende stattfindet, eine Reise wert. Ihre Baudenkmäler und Museen vereinen Mittelalter und Neuzeit zu einem spannungsvollen Bogen bis hin zu eindrucksvollen Zeugnissen jüngerer, mit Braunkohlenförderung und -verarbeitung verbundener Industriekultur. So trifft der Besucher im unweit gelegenen Domsdorf auf „Louise", die mit ihren 120 Jahren älteste Brikettfabrik Europas und heute technisches Denkmal. Im benachbarten Lichterfeld kann er den „liegenden Eifelturm" bewundern, die ebenfalls zum technischen Denkmal erhobene größte Förderbrücke der Welt. Sie bis zur Plattform in ca. 80 Metern Höhe und auf einer Strecke von fast 2 Kilometern zu erkunden, erfordert schon einige Kondition.

Blick in das Kaminzimmer.

Schreiber's Goldener Hahn
Bahnhofstraße 3
03238 Finsterwalde
🚗 (A 13, Abfahrt Großräschen auf die B 96 nach Finsterwalde)
☎ 03531/22 14
📠 03531/85 35
🖥 www.schreibers-goldenerhahn.de
✉ F-Schreiber@web.de
🕐 Hotel durchgehend
Restauration Dienstag bis Sonnabend ab 11.30 Uhr, Sonntag 11.30 bis 15.00 Uhr
Montag ab 17.00 Uhr
Inhaber: Dieter und Frank Schreiber

Kängururücken und Krokodilschwanzfilet stehen neben heimischen Spezialitäten auf der Speisekarte.

VIERSEITHOF

Luckenwalde

Als Preußenkönig Friedrich II. dem Frankfurter Kaufmann Thomas de Vins per Dekret vom 12. Oktober 1781 die Konzession zum „Betrieb einer Wollzeugfabrik" erteilte, war das die Geburtsstunde des Vierseithofs. Es entstanden das barocke Herrenhaus als Wohnsitz der Familie, dann Manufakturräume, Spinn- und Färbstuben, Zwirnmühlenstuben und Schurkammern. Die architektonisch eindrucksvolle Vierflügelanlage wurde gemeinsam mit später hinzugekommenen Fabrikgebäuden für zwei Jahrhunderte – bis zum Ende der DDR – zu einem Inbegriff für die Luckenwalder Tuchmacherzunft.

Die Berliner Unternehmensgruppe HABERENT hat im Rahmen der Neubebauung des Geländes das denkmalgeschützte Herrenhaus nach aufwendigen Restaurierungsarbeiten 1997 als Vier-Sterne-Hotel eröffnet – mit 43 elegantgemütlichen Zimmern, individuell gestaltet und ausgestattet mit bestem Komfort, mit Wellness-Bereich und Schwimmbad, Sauna, Saunagarten und Solarium. Das Restaurant (50 Plätze) besticht nicht nur durch die klassisch-moderne Eleganz seiner Einrichtung, sondern auch durch die prachtvolle preußische Kappengewölbedecke. In der rustikalen, holzgetäfelten Weberstube (33 Plätze) schreitet der Gast auf dem Dielenboden von 1782. Der Glassaal mit Glasdach, in dem früher bei Tageslicht die produzierten Stoffballen begutachtet wurden, dient heute als exklusiver Tagungsraum für kleine Konferenzen. Und dort, wo zu Kaufmann de Vins Zeiten die Kutschen vorfuhren, speist heute der Gast auf der Sonnen-Hofterrasse (bis zu 150 Plätze) und hat dabei das malerische geschlossene Gebäudeensemble gewissermaßen wie ein umlaufendes Bild vor Augen.

Hotel VIERSEITHOF in den ehemaligen Manufakturräumen einer Wollzeugfabrik, rechts im Bild die Kunsthalle.

Luckenwalde

Restaurant mit klassisch-moderner Einrichtung unter einer preußischen Kappengewölbedecke.

VIERSEITHOF
Haag 20
14943 Luckenwalde
(A 10, Abfahrt Genshagen auf die B 101 über Trebbin nach Luckenwalde)
☎ 03371/62 68-0
📠 03371/62 68 68
🌐 www.vierseithof.com
✉ info@vierseithof.com
🕐 Hotel durchgehend
Restaurant täglich 12.00 bis 14.00 Uhr
und 18.00 bis 22.00 Uhr
Weberstube ab 10.00 Uhr
Inhaber: VIERSEITHOF & HOTELTOW GmbH
Geschäftsführer: Herma und Michael Gruenewald

Das leibliche Vergnügen ist vor allem dem mit zahlreichen Auszeichnungen, darunter einer der begehrten „Gault-Millau"-Hauben bedachten jungen Meisterkoch Dieter Kobusch und seinem Team zu danken. Verblüffend die Vielfalt, phantasievoll die Kreationen aus regionalen und saisonalen Produkten, die den Gaumen auf ungewohnte Art verwöhnen, sei es mit Lamm, Kaninchen oder Geflügel, Wildbret oder Fisch und mit raffinierten Desserts. Der begehbare, mit Spitzengewächsen renommierter Güter und Raritäten bestückte Weinkeller ermöglicht für jeden Geschmack die geeignete Wahl.

Der VIERSEITHOF bietet nicht nur Gastlichkeit, sondern auch Kunst auf hohem Niveau – dank des Engagements des heutigen Hausherrn. Mehr als 100 Werke aller Genres – Gemälde, Skulpturen, Grafiken und Fotos – namhafter Brandenburger und Berliner Künstler zieren Räume, Flure und Gästezimmer. Historische Fotos machen am jeweiligen Ort des Hauses die Veränderungen über die Jahre sicht- und vergleichbar. Solch aktivem Kunstverständnis verpflichtet, entstand aus der einstigen Dampfturbinenhalle die Kunsthalle VIERSEITHOF. Sie ist heute gefragter Ort von Ausstellungen besonders junger Künstler aus den neuen Bundesländern, von Lesungen, Liederabenden und Theateraufführungen. Oft wird sie auch für standesamtliche Trauzeremonien genutzt und der VIERSEITHOF wird dann zum sprichwörtlichen „siebten Himmel" – mit lukullischem Hochzeitsmahl und romantischer Hochzeitssuite.

Das 800-jährige, mitten in Teltow-Fläming gelegene Nuthestädtchen Luckenwalde mit einer jahrhundertealten Tuch- und Hutmachertradition ist so manche Entdeckung wert. In seinen Bauwerken spiegeln sich Mittelalter, Gründerzeit und ganz besonders die Reform- und Bauhausarchitektur. Und wer die Landschaftsschutzgebiete des Fläming, seine reiche Natur, Kultur und Geschichte auf aktiv-sportliche Weise erkunden möchte: gleich „hinter der Haustür" beginnt die längste Skating-Bahn Europas mit 100 Kilometern asphaltierten Wegen – ein wahres Mekka für Radfahrer und Skater.

Romantik Hotel Alte Försterei

Kloster Zinna

Der Ort Kloster Zinna wurde auf Betreiben des Preußenkönigs nach Beendigung des Siebenjährigen Krieges zur Ansiedlung von Webern neben dem damals verlassenen Zisterzienserkloster gleichsam auf dem Reißbrett entworfen. Zentral am achteckigen Marktplatz entstand zu Repräsentationszwecken die Oberförsterei im Stile der Barockzeit. Hier logierte der Preußenkönig, empfing seine Gäste und tätigte so manches Regierungsgeschäft.

Heute präsentiert er sich auf hohem Sockel mit dem Rücken zum stattlichen Gebäude – gleichsam als wolle er seine Gäste in das romantische Logierhaus einladen. Durch ein prächtiges Rokokoportal gelangen diese ins Empfangszimmer, das ein höfisches Ambiente bietet. Die einstigen königlichen Wohnräume, die Friedrichs Stuben (60 Plätze), sind dagegen mit Mobiliar aus Urgroßmutters Zeiten ausgestattet. Die vier miteinander verbundenen Räume bilden so eine originelle Zimmerflucht. Eine Referenz an die arbeitsamen Klosterbrüder ist die Schankstube 12 Mönche (50 Plätze). Der Abt schaut in Lebensgröße auf seine Gäste, die im Angesicht von Futterkrippen und Pferdegeschirre daran erinnert werden, dass sie sich hier im ehemaligen Pferdestall befinden. Die alte Scheune (120 Plätze) auf dem Areal des Hotels dient als stilvolle Stätte für Tagungen und Festlichkeiten. Ein gefragter Ort an schönen Tagen ist der malerische kopfsteingepflasterte Innenhof (50 Plätze) mit dem alten Ziehbrunnen aus Friedericus' Zeiten, umgeben von den weinlaubumrankten alten Gemäuern.

Denkmal für Friedrich II. im Hintergrund die Alte Försterei.

Kloster Zinna

Schankstube 12 Mönche.

Frühstücksraum im Romantik Hotel.

Die Hotellerie des Vier-Sterne-Quartiers und Romantik Hotels verströmt Esprit und familiäres Flair. Aus dem früheren Trockenboden und den Gesindekammern entstanden 20 Zimmer, Suiten und Maisonetten.

Der „Alte Fritz" hätte gewiss seine Freude an der hier gebotenen märkischen Küche mit französischem Einschlag gehabt, die mehrfach im Wettbewerb um „Brandenburgische Gastlichkeit" ausgezeichnet wurde. Glücklicherweise muss heute niemand befürchten, dass er sich wegen all zu scharfer Würzung – einer Vorliebe Friedrichs – die Eingeweide verbrennt und dann ein Pulver aus Rhabarber und Glaubersalz aus der Hausapotheke als Gegenmittel vorgesetzt erhält. Dafür kann der Gast genießen, was frisch vom Markt kommt und was der märkische Boden, Spree und Havel und nicht zuletzt der Kräutergarten am Haus zu bieten haben. So empfiehlt die Speisekarte eine geschmorte Wirsingroulade in Kapernsoße, mit Speckwürfeln gebratene Scholle oder auch Hirschkalbsrücken mit krautgefüllten Kohlrabiköpfchen und Kartoffelgratin. Der Gast kann Käse vom Jüterboger Wasserbüffel probieren, einer hier gehaltenen Herde von 40 Tieren dieser Art, der sich durch besonderen Wohlgeschmack und Bekömmlichkeit auszeichnet. In der alten Klosterabtei wird der Kräuterlikör Zinnaer Klosterbruder destilliert und kann dort auch verkostet werden.

Die Alte Försterei ist Restaurant und Hotel, Ausflugs- und Veranstaltungsort in einem. Zudem empfiehlt sich ein Besuch in dem über 800 Jahre alten, unmittelbar hinter dem Hotel gelegenen Zisterzienser-Kloster und seinem Museum. Hier finden im Sommer regelmäßig Klosterkonzerte statt, die viele Musikliebhaber aus nah und fern anziehen. Es ist die älteste der 19 in der Mark Brandenburg von den fleißigen Bauernmönchen gegründeten Klosteranlagen, die noch dazu die einzige aus Granitstein gebaute Pfeilerbasilika im ganzen norddeutschen Raum besitzt.

Romantik Hotel Alte Försterei
Markt 7
14913 Kloster Zinna
(A 10, Abfahrt Luckenwalde, auf die B 101 über Trebbin oder A 9, Abfahrt Niemegk, auf die B 102 über Treuenbrietzen)
☎ 03372/465-0
03372/40 65 77
www.romantikhotels.com/Kloster-Zinna
alte-foersterei@romantikhotels.com
Hotel durchgehend
Restauration täglich von 12.00 bis 23.00 Uhr
Inhaber: Roland Frankfurth

Burghotel

Belzig

Die trutzige Feste auf hohem Berg kann für sich in Anspruch nehmen, eine der ältesten deutschen Burgen überhaupt zu sein. 997 zum ersten Mal in einer Urkunde von Kaiser Otto III. im Zusammenhang mit den Kreuzzügen gegen die Slawen erwähnt, wurde sie nach Zerstörungen im Schmalkaldischen und im Dreißigjährigen Krieg in den Jahren 1685 bis 1691 wieder aufgebaut. Der 33 Meter hohe Bergfried – im Volksmund auch „Butterturm" genannt und heute als Aussichtsturm genutzt – ist der älteste erhalten gebliebene Teil der Burganlage aus dem 12. Jahrhundert. Berühmte Persönlichkeiten bezogen hier Quartier, unter ihnen Martin Luther 1530, Zar Peter I. im Jahre 1712 oder der russische General Wittgenstein während der Befreiungskriege gegen Napoleon 1813.

Zu DDR-Zeiten erst Berufsschule, dann Jugendherberge, ist die Burg seit Anfang der neunziger Jahre wieder ein allen zugängliches Haus mit Hotel und Gastronomie geworden. Aus dem einstigen Salzmagazin entstand dank engagierten Wirkens der Familie Hartmann ein gastliches Refugium, das bei allem modernen Komfort in seinen 34 Zimmern die Erinnerung an die Zeiten der Ritter und Burgfräulein wach hält. Wohl behütet weiß sich der Gast hinter dicken Mauern in den mit Stilmöbeln ausgestatteten gemütlichen „Kemenaten". Tagungsräume laden zu kreativem Gedankenaustausch ein, Sauna und Fitness zum Entspannen. Aus den Fenstern fällt der Blick auf den schönen Park mit Burg- und Freiterrasse (80 Plätze) und die 1 000 Jahre alte Stadt Belzig.

Im Stile „alter Burgenherrlichkeit" sind auch Restaurant und der anschließende Rittersaal, die über 200 Gästen Platz bieten, eingerichtet. Unter schweren dunklen Balken, die zugleich als Raumteiler dienen, können sie die schmackhafte flämische Küche mit ihrem Kräuter- und Gewürzreichtum genießen. Schließlich waren es auch flämische Einwanderer im 12. Jahrhundert, die dem Landstrich seinen Namen gaben. Wild-, Fisch- und Fleischge-

Das Hotel in der Burg Eisenhardt.

Fläming

Belzig

Rittersaal mit 200 Plätzen im Stile „alter Burgenherrlichkeit".

richte werden nach altüberlieferten Rezepten zubereitet – seien es geschmorte Schweinerippchen mit Sauerkohl, Rosinen und Thymian, eine Spezialität der Burgküche, oder die Fläming-Forelle mit Mandeln und sahniger Dillsoße. Nach „Burgherrenart getafelt" wird bei den altbäuerlichen Schlachtfesten.

Eine eindrucksvolle Szenerie bietet die Burg für vielfältige kulturelle und sportliche Veranstaltungen, für Musikabende oder mittelalterliche Märkte. Das Burghotel ist idealer Ausgangspunkt für Erkundungen in und um Belzig – seit 1995 wegen seiner reinen sauerstoffreichen Luft und der Thermalquellen zum Luftkurort gekürt –, des Hohen Fläming mit seinen landschaftlichen und historischen Sehenswürdigkeiten, den Schwesterburgen Rabenstein und Schloss Wiesenstein oder dem Hagelberg, auf dem ein Denkmal an den Sieg der vereinigten preußisch-russischen Truppen über Napoleon 1813 erinnert.

Burghotel
Wittenberger Straße 14
14806 Belzig
(A 9, Abfahrt Niemegk auf die B 102 nach Belzig)
☎ 033841/312 96
📠 033841/312 97
🖳 www.burghotel-belzig.de
🕐 Hotel durchgehend
Burgrestaurant täglich ab 10.00 Uhr
Inhaber: Klaus Hartmann/Sylvana Grännig

Gasthof Zur Linde

Wildenbruch

Zwar ist es keine Linde, sondern ein uralter 40 Meter hoher Kastanienbaum, der sein schattenspendendes Laubdach weit über den Gutshof spreizt, ansonsten ist alles vorhanden, was ein Bilderbuch-Bauerngut ausmacht. Weidende Schafe kommen neugierig an den Zaun heran, landwirtschaftliche Gerätschaften, wohin das Auge blickt: Leiterwagen und Butterfässer, Dreschflegel, Eggen und Pflüge. Ein malerisches Gebäudeensemble mit Gutshaus und Scheune, das Ende des 19. Jahrhunderts auf mittelalterlichen Grundmauerresten erbaut wurde, und einen Dorfkrug gab es in Wildenbruch schon 1565. Solch' jahrhundertealte Tradition pflegt die junge Gastronomenfamilie Weißmann, die in den neunziger Jahren das ehemalige LPG-Verwaltungsgebäude umbauen ließ, alte gastliche Bräuche zu neuem Leben erweckte und seither die Linde zu einem der bekanntesten Landgasthäuser in der Mark machte. Der Gastraum (70 Plätze) wurde mit Fachwerkbalken, Wandtäfelung und bäuerlichem Kunsthandwerk liebevoll ausgestaltet, die Tenne (80 Plätze) nach originalem Vorbild und gemäß alter Handwerkskunst saniert. Vom Hofgarten (bis zu 150 Plätze) mit seperatem Grillplatz blickt der Gast auf die naheliegende Auenlandschaft. Und gleichsam über dem Dach der Linde thront, für den Gast weithin sichtbar, der schöne Fachwerk-Kirchturm der ältesten Wehrkirche in der Mark aus dem frühen 13. Jahrhundert.

Hofgarten des Landgasthofes unter der alten Kastanie.

Wildenbruch

Hier bekommt der Besucher „Lust auf Natur" und auf eine Küche mit all ihren bodenständigen Segnungen: Von Aal bis Zwiebeln reicht die Palette der Produkte vom „Bauern nebenan", dem Binnenfischer vom Seddiner See oder vom Jäger aus Stücken, der das märkische Wildbret liefert. So lockt dann den Besucher die Speisekarte mit der ofenknusprigen deutschen Gans, dem Beelitzer Weidelamm und dem Zauchwitzer Spargel, der gefüllten Roulade vom Hereford-Rind, das auf den nahe gelegenen Wiesen grast, oder den variationsreich zubereiteten Teltower Rübchen, für die schon Goethe schwärmte und um deren Renaissance sich das Gastronomenpaar Weißmann verdient gemacht hat. Aus dem Steinbackofen gibt es Landbrot und würziges Backschwein. Jederzeit gefragt: ein vollmundiges heimisches Bier aus dem Zapfhahn, Säfte und Apfelwein aus Werder und ein edler Tropfen aus Meißen vom Weingut Prinz zur Lippe sowie aus anderen deutschen, spanischen und französischen Anbaugebieten.

In der Linde lebt das ganze Jahr über, was seit Jahrhunderten die Menschen auf dem Lande zusammenführt: ob Erntedankfest mit Blasmusik, Frühstücksbrunch und Festbieranstich, Schlachtfeste mit frischen Spezialitäten oder auch traditionelle Silvester-Karpfen-Essen mit Seddiner Karpfen in Malzbiersoße, mit Dampfkartoffeln und Gurkensalat. Im Januar geht es zum „Bosseln in die Märkische Heide", einer Neujahrswanderung mit zünftigem Grünkohlschmaus. Und Ostern wird zum Osterfeuer nach altem Brauch geladen mit Leckerbissen vom Grill und Steinbackofen – rund um Fisch und Lamm.

Dass sich bei solch überlieferten gastlichen Geflogenheiten auch der gastronomische Nachwuchs, die Haus-Azubis, gern und mit besonderer Hingabe erproben, etwa beim „Empfang vor der Tenne", einem erlebnisreichen Abend mit rustikalen Leckerbissen vom Brandenburger Bauernbüfett, gehört zu den besonders sympathischen Zügen des Landgasthauses.

Die älteste Wehrkirche der Mark aus dem frühen 13. Jahrhundert.

Gasthof Zur Linde
Kunersdorfer Straße 1
14552 Wildenbruch
(A 10, Abfahrt Potsdam-Süd auf der Landstraße über Michendorf nach Wildenbruch)
033205/623 79
033205/456 40
www.brandenburg-berlin.de/zur-linde/
lindewildenbruch@t-online.de
Ganzjährig 12.00 bis 23.00 Uhr
Donnerstag Ruhetag
Inhaber: Ralf und Bärbel Weißmann

Fläming

Gasthof Truhe

Langerwisch

„Die Truhe war ein Erbstück, das wir all die Zeiten mitgeschleppt haben", so die heutigen Besitzer des gleichnamigen Landgasthofs. Sie ziert in natura das familiengeführte Haus. Zugleich soll sie die über Jahrzehnte, ja Jahrhunderte weitergereichte Familienstafette der altehrwürdigen Landschänke versinnbildlichen, deren Geschichte bis zum Ende des 17. Jahrhunderts zurückgeht. Ihre heutige äußere Gestalt erhielt sie um 1910. Ein hiesiger Fleischermeister hatte in dem Haus ein Ausflugslokal eingerichtet, das sich, vor den Toren Berlins und Potsdams gelegen, bald großer Beliebtheit erfreute und dessen Markenzeichen gesunde Landluft, die zauberhafte Natur der Nuthe-Nieplitz Auen und die eigenen Produkte aus Bauernhof und Schlächterei waren.

Doch ihren wirklichen Reichtum getreu überlieferter Tradition offenbarte die Truhe erst in den neunziger Jahren. Das junge Berliner Gastronomenpaar Fritz hatte 1985 das lange Zeit leerstehende, arg ramponierte Gebäude gekauft und es bis heute unter großen Mühen und erheblichem finanziellen Aufwand in einen der beliebtesten und bekanntesten Landgasthöfe der Mark verwandelt. Die beiden miteinander verbundenen Governmenträume (70 Plätze) wie auch der Sommergarten (50 Plätze) laden zum Verweilen ein, originale Bauern-utensilien – ob Wagenrad mit Stroh an der Decke oder Erntekranz, weidengeflochtene Körbe oder Steinguttöpfe – zieren die Räume. Dutzende kleinformatige Bilder des Hobbymalers und Wirts-Schwiegervaters mit Landschaftsmotiven machen neugierig auf Langerwisch und seine Umgebung. Und welchen Platz der Gast auch wählt – sein Blick fällt immer wieder auf das Wahrzeichen des Hauses, die wuchtige eisenbeschlagene Truhe inmitten des Raumes.

90 Prozent der Produkte, die in der Küche der Truhe verarbeitet werden, kommen vom Bauernhof nebenan in Körtzin oder vom Fleischermeister Schreinicke aus dem Nachbardorf. Alles wird selbst gemacht, frisch zubereitet – ja sogar die handgeschriebene Speisekarte im kunstvollen hölzernen Ein-

Der Landgasthof ist nach einer wuchtigen eisenbeschlagenen Truhe aus Familienbesitz benannt.

Langerwisch

band macht „Appetit". Etwa auf den „Misthaufen", der sich als würziger Kasslerbraten in Sauerkohl entpuppt, auf einen Wildschmaus nach Art der sagenumwobenen „Langerwischer Räuber" vom Galgenberg oder Hirschmedaillons mit Teltower Rübchen. Weine von Saale/Unstrut, der hier so beliebte Dornfelder „Werderaner Wachtelberg", Obstweine und -liköre vom nahegelegenen Obstanbauzentrum Werder oder auch ein frisches Bier runden das Menü ab. Wer Süßes liebt, findet in der weit gefächerten Palette der hausgemachten Eierkuchen – vom Honig-, Eis-, Holunder-, Apfelmus- bis zum Rumtopfeierkuchen – gewiss seinen Favoriten.

Die „Dorfgeschichten" in Wort, Bild und Gesang haben ihren festen Platz im Veranstaltungskalender, dazu gibt es Buchlesungen – ganz in der Tradition des aus Langerwisch stammenden Lyrikers und Schriftstellers Peter Huchel –, Jazzabende, Kabarettveranstaltungen oder kleine Gemäldeausstellungen und Modeschauen. Immer wieder einfallsreich präsentieren sich die kulinarischen „Begleiter" – ob als „Märkisches Menü im Landkorb", Weinabend, Honigmarkt oder als „Ganze-Gänse-Essen".

Im ländlichen Ambiente der Truhe werden auch Buchlesungen und Konzerte veranstaltet.

Gasthof Truhe
Straße des Friedens 73
14557 Langerwisch
🚗 (A 115, Abfahrt Saarmund, Richtung Michendorf bis Langerwisch)
☎/📠 033205/631 15
🕐 Mittwoch bis Sonntag 12.00 bis 23.00 Uhr sowie nach Vereinbarung und Veranstaltungskalender
Inhaber: Thomas Fritz

Schloss Diedersdorf

Ein märkischer Adelssitz wie aus den Romanen Theodor Fontanes. Getrost hätte der berühmte Erzähler das elterliche Herrenhaus seiner Effi Briest von Hohen-Cremmen auch nach hier verlegen können. Nur war es damals der „Königliche Obrister und Commandeur des V. Schwerin'schen Infanterieregiments", Ernst Bogislav von Bandemer, der das Schloss 1774 gekauft und dessen Sohn es danach als „Erb- und Gerichtsherr auf Diedersdorf" in seiner heutigen Gestalt geprägt hat.

Dem Blick des Besuchers bietet sich das herrschaftliche Gutsgebäude – wie überall im Brandenburgischen Schloss genannt – in schlicht-vornehmer Gestalt und im strahlenden, gelb-ziegelroten Farbspiel. Den Vierseitenhof umschließen die langgestreckten einstigen Ställe und Wirtschaftsgebäude samt Gesindehaus, ein weitläufiger Park mit uralten Bäumen, der Schlossteich, Wald und Wiesen. „Eingemeindet" ist die Schlossidylle in den ein paar hundert Seelen zählenden Flecken Diedersdorf mit seinem Wahrzeichen – der über 600 Jahre alten, vom markanten Glockenturm gekrönten Dorfkirche. Welten trennen den Ort von großstädtischer Hast und Hektik, und doch ist er nur sieben Kilometer von der Stadtgrenze entfernt und 30 Kilometer vom Stadtzentrum südlich Berlins gelegen.

Seit der Wende ist aus dem ehemaligen volkseigenen Gut Großbeeren ein Ort märkischer Gastlichkeit entstanden. Wer höfisch-festlich wohnen und nächtigen will, logiert sich im Schlosshotel, in einem seiner vornehmen, unterschiedlich gestalteten Appartements oder Suiten ein. Die Möbel aus Massiv-

Schloss Diedersdorf ist rund 30 Kilometer südlich vom Stadtzentrum Berlins gelegen.

Diedersdorf

Musikantenscheune im ehemaligen Kuhstall.

Die Neue Schmiede.

holz sind zum Teil nach alten Vorlagen gefertigt. Wer es ein wenig einfacher, dörflicher mag, findet im Landgasthof gegenüber sein gemütliches und auch preiswerteres Domizil. Die beiden im vornehmen Stil gehaltenen Salons – ideal geeignet für gesellschaftliche und private Feiern, Hochzeiten, Geburtstags- oder Firmenjubiläen – lassen sich im Handumdrehen in Tagungsräume für 20 bis 100 Personen verwandeln, ausgestattet mit moderner Kommunikationstechnik. Zum Plausch oder ganz einfach zum Entspannen kann sich der Gast in den Kaminraum mit Bibliothek zurückziehen oder Sauna, Solarium und Fitnessraum nutzen.

Das ganze Jahr über empfiehlt sich Schloss Diedersdorf als Ausflugsort für jung und alt. Dafür sorgen die vielgestaltigen gastronomischen Einrichtungen und ein dicht gefüllter Veranstaltungskalender. Der neue „Schlossherr" Thomas Worm ließ die ursprünglichen Wirtschaftsgebäude unter Wahrung ihrer originalen Gestalt und ländlichen Schlichtheit in ganz unterschiedliche Erlebnisbereiche umgestalten. So kann sich Diedersdorf mittlerweile des wohl bundesweit bekanntesten Kuhstalls rühmen, aus dem seit Jahren die Fernsehshow „Musikantenscheune" ausgestrahlt wird.

Wo früher die edlen Reitpferde der Herrschaften wie auch die schweren Kaltblüter – die Arbeitspferde – standen, empfängt den Besucher heute der Gastraum Pferdestall. Mit seinen 75 Sitzplätzen ist der Pferdestall das ganze Jahr über, an 365 Tagen also, für den Besucher geöffnet. Als liebenswerte Referenz an die alten Zeiten von Ross und Reiter bieten sich den Gästen die angrenzenden Restaurants Alte Schmiede und Neue Schmiede (insgesamt je 130 Innen- und Außenplätze). Der Weinkeller des Schlosses (50 Plätze), eingerichtet in einem uralten Tonnengewölbe, und die angrenzende Cocktailbar (20

Diedersdorf

Plätze) sind viel gefragter stimmungsvoller Ort für Gesellschaften oder auch für ein trautes Tête-à-tête.

Mit gutbürgerlicher und original brandenburgischen Küche wird der Besucher ebenso verwöhnt wie mit Gerichten der „haute cuisine". Als Spezialitäten mit Diedersdorfer Gütesiegel haben sich mittlerweile die Haxen- und Gänseessen, Fischbarbecues vom Grill, Feuerzangenbowlen oder der Schlossbrunch herumgesprochen. Verdienter Lohn der Schlossköche Mühe ist die mehrfache Auszeichnung als Sieger im Landeswettbewerb „Brandenburger Gastlichkeit". Dass Diedersdorf in ganz kurzer Zeit zu einer Spitzenadresse für ausflugssüchtige Berliner und Brandenburger aufrückte, ist nicht unmaßgeblich einem seiner gastlichen Markenzeichen zu danken: dem Biergarten, eingebettet in den alten Park mit Ahorn und Linden, Akazien und Platanen. Mit über 2 500 Plätzen ist er der größte seiner Art vor den Toren der Hauptstadt und im ganzen Brandenburger Land.

Das Angebot in Diedersdorf reicht von Landpartien, Maifesten und Weihnachtsmärkten über Faschingsbälle, Hubertusjagden bis zu den begehrten „Hochzeiten im Schloss" mit hauseigenem Standesamt. Beliebt bei den Kindern sind die Spielplätze in einem eigens geschaffenen Spiel-Schloss und der Streichelzoo mit Schafen und Ziegen, Ponys und Hängebauchschweinen, Kaninchen und Katzen. Stets ein Anziehungspunkt für jung und alt sind auch die monatlichen Bauernmärkte in der nach historischem Vorbild entstandenen Markthalle, die Verkaufsstände im Hof oder auch die kleinen Läden in den alten Försterstuben.

Der Salon II mit festlich gedeckter Tafel.

In Diedersdorf lockt einer der größten Biergärten der Region Berlin/Brandenburg.

Schloss Diedersdorf
Kirchplatz 5–6
15831 Diedersdorf
🚗 (von Berlin auf der B 101 über Marienfelde bis Großbeeren, weiter in Richtung Dahlewitz, oder auf der B 96 über Lichtenrade bis Dahlewitz, dann weiter in Richtung Blankenfelde)
☎ 03379/35 35-0
📠 03379/35 35 35
🖥 www.SchlossDiedersdorf.de
✉ SchlossDiedersdorf@t-online-de
🕒 Hotel durchgehend
Perdestall täglich ab 10.00 Uhr
andere Galerie und Biergarten je nach Witterung und Vereinbarung
Inhaber: Thomas Worm
Geschäftsführer: Henri Schröder

Fläming

Die historischen Gasthöfe in Brandenburg

Potsdam/Havelland	1 **Schlosshotel Cecilienhof** in Potsdam
	2 **Café und Restaurant Drachenhaus** in Potsdam
	3 **Der Klosterkeller** in Potsdam
	4 **Zum fliegenden Holländer** in Potsdam
	5 **Speckers Gaststätte zur Ratswaage** in Potsdam
	6 **Café Heider** in Potsdam
	7 **Hotel Bayrisches Haus** in Potsdam
	8 **Krongut Bornstedt** in Potsdam
	9 **Gaststätte Baumgartenbrück** in Geltow
	10 **Gotisches Haus** in Paretz
	11 **Blaudruckhaus** in Brandenburg
	12 **Zum 1. Flieger** in Stölln
Prignitz	13 **Ritterhof** in Kampehl
Ruppiner Land	14 **Schlosshotel Deutsches Haus** in Rheinsberg
	15 **Boltenmühle** in Gühlen-Glienicke
	16 **Fontanehaus** in Neuglobsow
	17 **Schloss Ziethen** in Groß Ziethen bei Kremmen
Uckermark	18 **Schloss Herrenstein** in Gerswalde
	19 **Wallenstein** in Angermünde
Barnim	20 **Alte Klosterschänke Chorin**
Märkisch-Oderland	21 **Carlsburg** in Falkenberg
	22 **Stobbermühle** in Buckow
	23 **Schloss Reichenow**
	24 **Hotel Schloss Neuhardenberg**
	25 **Parkhotel Schloss Wulkow**
Oder-Spree-Seengebiet	26 **Hotel Kaisermühle** in Müllrose
	27 **Restaurant Café Dorsch** in Bad Saarow
	28 **Schloss Hubertushöhe** in Storkow
Spreewald/Niederlausitz	29 **Hotel Schloss Lübbenau**
	30 **Zum fröhlichen Hecht** in Lehde
	31 **Fischkasten** in Lehde/Dolzke
	32 **Waldhotel Eiche** in Burg
	33 **Romantik Hotel zur Bleiche** in Burg
	34 **Schlossrestaurant Lübben**
	35 **Landgasthof Zum grünen Strand der Spree** in Schlepzig
	36 **Cavalierhaus Branitz** in Cottbus
Elbe-Elsterland	37 **Radigk's Brauhaus** in Finsterwalde
	38 **Schreiber's Goldener Hahn** in Finsterwalde
Fläming	39 **VIERSEITHOF** in Luckenwalde
	40 **Romantik Hotel Alte Försterei** in Kloster Zinna
	41 **Burghotel** in Belzig
	42 **Gasthof Zur Linde** in Wildenbruch
	43 **Gasthof Truhe** in Langerwisch
	44 **Schloss Diedersdorf**

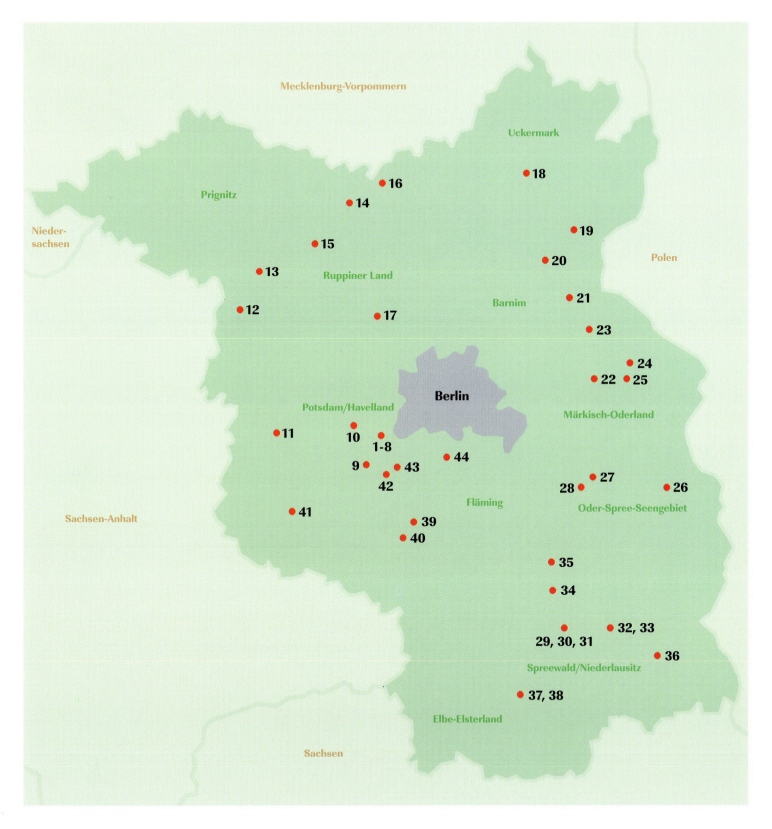

Die Autoren

Günter Köhler
Jahrgang 1932, geboren in Oederan (Sachsen). Studium der Journalistik an der Karl-Marx-Universität Leipzig. Tätig u. a. für die „Sächsische Zeitung", in der innen- und kommunalpolitischen Öffentlichkeitsarbeit und als Übersetzungsredakteur. 1956–1960 Studium an der Akademie für Staats- und Rechtswissenschaft in Potsdam Babelsberg, 1971 Promotion. Zahlreiche Veröffentlichungen zu historischen Gasthöfen in Sachsen, Thüringen, Berlin und Brandenburg.

Friedhold Birnstiel
Jahrgang 1940, geboren in Lausnitz bei Neustadt/Orla (Thüringen). Studium an der Fachschule für Gastronomie in Leipzig, Ernährungswissenschaft am Institut für Ernährung in Potsdam-Rehbrücke, Akademie für Staats- und Rechtswissenschaft in Potsdam Babelsberg. Arbeitete in der Kreisverwaltung Pößneck, am Institut für Ernährung in Potsdam-Rehbrücke sowie im Ministerium für bezirksgeleitete Industrie und Lebensmittelindustrie. Zahlreiche Veröffentlichungen zur Ernährungswissenschaft und zur historischen Gastronomie in Sachsen, Thüringen, Berlin und Brandenburg.

Die Texte zu den vorgestellten Einrichtungen beruhen auf Sachinformationen und dokumentarischem Material der jeweiligen Häuser und wurden von ihren Besitzern und Betreibern autorisiert. Die B & K Investitionsconsult GmbH Berlin und be.bra verlag, Berlin, als Herausgeber und Hersteller des Buches übernehmen keine Verantwortung für die Richtigkeit des Inhalts. Aus falschen Angaben oder nicht erfüllten Leistungsangaben durch die Eigentümer kann keine Schadensersatzpflicht gegenüber dem Hersteller der Publikation abgeleitet werden. Die objektbezogenen Angaben, darunter Telefonnummern und Öffnungszeiten, beruhen auf dem Stand vom 31. August 2002. Sie erheben keinen Anspruch auf Vollständigkeit und sind ohne Gewähr. Änderungen im Informationsteil der Objekte können grundsätzlich nicht ausgeschlossen werden.

Für Hinweise auf Veränderungen und Ergänzungen ist der Herausgeber dankbar.

Abbildungsnachweis
Alle Fotos stammen von Marita und Uwe Friedich, außer den uns von folgenden Häusern zur Verfügung gestellten: Hotel Adlon (Gerd Spans), Bamberger Reiter, The Regent Schlosshotel Berlin, Cecilienhof, Bayrisches Haus Potsdam, Schloss Diedersdorf (A. & R. Adam Verlag, Bilderdienst Pansegrau).

Ist trotz sorgfältigster Bildrecherchen ein Fotograf als Urheber nicht benannt worden, bitten wir dies zu entschuldigen.